韓國

佛寺之美

陳明華／著

自序

古拙之美——走遍韓國山寺

與韓國佛寺的初遇

筆者出生於臺灣，卻有大半輩子是在韓國度過的，數十年來客居異地，鑽研韓國佛教美術的歷程，可說是經由接觸佛寺，而後投入研究佛教藝術，回想會走上這條「不歸路」，應從與韓國佛寺的初遇說起。

一九八〇年五月，光州民眾為抗爭獨裁政治，爆發五一八光州民主事件，朝鮮半島一時處於動盪不安的局勢，八月底不顧親人的勸說，筆者仍踏上韓國之路，抵達首爾。八〇年代，網路尚未興起，介紹韓國的資訊極少，行前唯一有印象的是，看過胡金銓導演的〈空山靈雨〉和〈山中傳奇〉電影，這兩部影片都是在韓國取景拍攝，外景地遍及慶州、安東、雪嶽山、濟州島等各地；片中所出現的佛寺，山巒層疊，煙霧氤氳，禪意盎然，特別令人嚮往。

因此當學校一放寒假，便迫不及待地直奔江原道雪嶽山。記得那時是冬天零下十多度，寒風凜冽，首次置身於冰天雪地，凍得真如杜甫詩中所述「霜嚴衣帶斷，指直不得結」，然就在費盡力氣到達新興寺入口時，卻因積雪過多，不得而入，只能望寺興嘆。初次的探訪，雖是空手而回，卻意猶未盡，對山寺更是充滿無限憧憬。

韓國山寺多位於風光明媚之處，古風悠悠，加上豐富的佛教文化遺產深藏其中，如同是一座文物寶庫，讓人百看不厭。對於筆者來說，旅行的目的地，除了山寺，還是山寺。朋友們常羨慕筆者去探訪佛寺，但看似是遊山玩水、欣賞美景的樂事，其實出行經常要面對各種突發的狀況，以及要有忍受寒冬酷暑的體力，可謂甘苦參半。多年以來，能繼續獨行萬里路，或許是想堅持自我期許的初發心；或許是每一進入佛寺，便渾然忘記外面的一切，心中想的、目光所及之處，就只有當下的佛寺，它既是學術調查的現場，也是異鄉人孤寂心靈的寄託，在人生旅程中，和佛寺有緣相識，有幸相知，像是親近的道友，一路走來，彼此扶持，相濡以沫。

韓國佛教寺院現況，曹溪宗為首

韓國的佛教歷史近一千七百年，近代在日本殖民統治（稱日帝強占期，自一九一〇至一九四五年）時期，雖曾移入日本的帶妻僧制度，但整體上還是承繼漢傳佛教的脈絡。依二〇一五年文化體育觀光部《韓國宗教現況》報告書，佛教有一百三十七個宗團（含新興宗教團體），以及二〇二一年十二月公布傳統佛寺有九百七十三所，其中大韓佛教曹溪宗七百九十多所，為第一大宗團；太古宗有九十七所，登記在曹溪宗之下的佛寺、佛庵，則多達兩千四百多所，有一半以上屬私設的寺庵。

曹溪宗佛寺的行政組織劃分為二十五個教區，以及一個軍宗特別教區。每個教區設有本寺，本寺又稱本山，下管轄諸多末寺、佛庵。此制度原型來自日帝強占時期於一九一一年頒布的《朝鮮寺刹令》，當時日本朝鮮總督府為集中管理韓國佛寺，制定三十本山辦法，本山住持須經總督核可，末寺住持則由各地道知事任命；一九二四年因華嚴寺升格為本寺，而有三十一個本山。

一九四五年光復以後，受到日本佛教影響的帶妻僧派，和堅持傳統戒律的比丘僧眾之間，產生理念的對立、衝突，僧團陷入一片混亂，進而有一九五四年的佛教淨化運動。一九六二年，曹溪宗統合成二十五個教區，理念不合的帶妻僧派離開曹溪宗，於一九七〇年成立太古宗，成為第二大宗團，太古宗有三十個教區，總本山為首爾市西大門區奉元寺。而目前加入「韓國佛教宗團協議會」的會員，有曹溪宗、太古宗、天台宗、真覺宗、觀音宗、法華宗等三十個傳統宗團。

成佛全方位的叢林

曹溪、太古各宗大本山標榜「禪教兩宗」，但中心法脈來自禪宗，主要是承繼高麗後期普照知訥（一一五八～一二一〇年）以來，諸高僧大德所奠立「禪教兼修」、「禪教不二」的厚實根基。今日韓國佛教雖顯現以禪為中心的特色，但含融著華嚴、法華、觀音、淨土等多種義學，以及參雜道教、儒教、原始信仰、民俗等多種的元素和信仰，佛教具有「和諍」與「會通」的特徵。

而以禪宗僧團為中心的叢林制度，對佛寺的形成與發展有著深遠影響，具備禪院、講院、律院、念佛院四大組織的佛寺，才有資格稱為「叢林」，即不僅有禪修的禪院，還有教育僧侶或為大眾說法的講院、研究律學監督僧團紀律的律院，以及僧眾念佛共修的念佛院。現曹溪宗有伽倻叢林海印寺、曹溪叢林松廣寺、靈鷲叢林通度寺、德崇叢林修德寺、古佛叢林白羊寺、八公叢林桐華寺、雙磎叢林雙磎寺、金井叢林梵魚寺等八大叢林，教界地位崇高，是提供成佛全方位的道場。

佛教藝術深厚的底蘊

今日坐落在山中各處的千年古剎，可說是韓國佛教發展史的縮影，走入佛寺，體驗佛國的一花一世界，一葉一菩提，是認識韓國佛教藝術的不二捷徑。慶尚道和全羅道是全國佛寺最為密集的地方，初次探訪，不妨從這兩個地區開始，尤其是全羅道，人文薈萃，飲食文化發達，佛寺雖大都位於山中，但只要查好車況班次，可搭乘到達；事先線上預約，也能住宿佛寺，體驗寺院的作息與生活。今日網路資訊發達，比起過去，筆者只能從電影中一窺韓國佛寺的倩影，已是不可同日而語。

特別是自九〇年代末以來，透過韓劇、流行音樂（K-pop）等影音串流，開啟了認識韓國文化更多元化的渠道，令人欣慰的是，韓國佛教藝術這領域也漸受到矚目。二〇一八年起至二〇二一年間，承蒙法鼓山《人生》雜誌邀請筆者撰寫「韓國佛寺之美」專欄，三年期間，督促筆者整理了多年來跋涉佛寺所累積的圖文資料，進而有此書的誕生。

本書中收錄的內容可分兩大類，一是佛寺巡禮，包括通度寺、海印寺、松廣寺三寶寺，以及列入聯合國教科文組織（UNESCO）世界文化遺產的佛國寺、大興寺、仙巖寺、法住寺、麻谷寺、浮石寺等，都是足以代表韓國，值得前往探訪的寺院；另一是關於韓國佛教藝術的介紹，如頭戴冠帽的彌勒菩薩像、文殊童子像、掛佛、寺院泡菜（辛奇）、佛誕燃燈會、水陸齋、山寺寂寥的美學等，透過主題、一目瞭然的敘述，來呈現韓國獨特的佛教文化精髓。

喜歡山寺的人，對山寺有一份濃郁化不開的愛戀，一方面經常懷念過去曾經走過的佛寺，另一方面又想哪個佛寺還沒去，計畫著下一個目的地，若說這半世紀以來，華人當中去過最多韓國大大小小的佛寺，大概也非我莫屬吧。這本書所介紹的內容，都是過去親自實地採訪的紀行，希望是一本誰都可親近、隨手可讀的韓國佛教藝術手冊，能給沒有去過韓國佛寺的人，飽覽韓國山寺的古拙之美；而已去過韓國佛寺的人，重溫滿載而歸的美好回憶。

——二〇二一年歲末寫於世宗市鳥致院

附錄：曹溪宗二十五教區分布表

教區編號	本寺名	所在位置
第一	總本山曹溪寺	首爾特別市鍾路區
第二	花山龍珠寺	京畿道華城市
第三	雪嶽山新興寺	江原道束草市
第四	五臺山月精寺	江原道平昌郡
第五	俗離山法住寺	忠清北道報恩郡
第六	泰華山麻谷寺	忠清南道公州市
第七	德崇叢林修德寺	忠清南道禮山郡
第八	黃岳山直指寺	慶尚北道金泉市
第九	八公叢林桐華寺	大邱廣域市
第十	八公山銀海寺	慶尚北道永川市
第十一	吐含山佛國寺	慶尚北道慶州市
第十二	伽倻叢林海印寺	慶尚南道陝川郡

第十三　雙磎叢林雙磎寺　慶尚南道河東郡
第十四　金井叢林梵魚寺　釜山廣域市金井區
第十五　靈鷲叢林通度寺　慶尚南道梁山市
第十六　騰雲山孤雲寺　慶尚北道義城郡
第十七　母岳山金山寺　全羅北道金堤市
第十八　古佛叢林白羊寺　全羅南道長城郡
第十九　智異山華嚴寺　全羅南道求禮郡
第二十　曹溪山仙巖寺　全羅南道順天市
第二十一　曹溪叢林松廣寺　全羅南道順天市
第二十二　頭輪山大興寺　全羅南道海南郡
第二十三　漢拏山觀音寺　濟州島濟州市
第二十四　兜率山禪雲寺　全羅北道高敞郡
第二十五　雲嶽山奉先寺　京畿道南楊州市
軍宗特別教區　首爾特別市龍山區

前言

佛教東傳與佛寺的興建

佛教傳入朝鮮半島以後，隨著佛教的發展與遍及，
佛寺開始在各地興起，形成平地和山地伽藍建築，
燦爛輝煌的佛教文化資產，以其重要的歷史價值，
被列為世界文化遺產，同時也成為栩栩如生的歷史現場，
吸引著人們覓尋古人足跡，傾聽仍躍動不已的呼吸，
在寂寥靜謐的時空裡，投入與自然合而為一的悟境，
感受千年古寺如泉水般淙淙流出清澈無瑕的美感。

佛教傳入朝鮮半島

朝鮮半島佛教的傳來約在四世紀左右，此時期相當於高句麗、百濟、新羅三國各據一方的三國時代。其中，建都國內城（今吉林省集安），活動在今中國東北遼寧省、吉林省、黑龍江省等一帶的高句麗，是三國之中最早傳入佛教的國家。文獻記載小獸林王二年（三七二年），前秦苻堅派僧順道送來佛經佛像；兩年後，阿道和尚自東晉來，高句麗興建肖門寺、伊弗蘭寺，安頓僧人順道與阿道和尚。

認為韓國佛教是在三七二年傳入的看法，較為謹慎保守，若透過梁慧皎（四九七～五五四年）《海東高僧傳》中述東晉高僧支遁道林（三一四～三六六年）曾致書信給高句麗道人釋亡名，介紹東晉僧人竺法深，或是下葬年代為三五七年的黃海道安岳三號古墳冬壽墓中，已出現蓮花紋飾的研究結果來看，推測在三七二年前，佛教應已進入朝鮮半島。

繼高句麗之後，百濟接受佛教在枕流王元年（三八四年），印度沙門摩羅難陀自東晉前來，在百濟最初建立的王城慰禮城（今首爾松坡區石村洞等一帶）初傳佛法，次年，枕流王於慰禮城附近興建佛寺收容僧人。

三國之中，新羅最晚公認佛教，卻後來居上，成為佛法興盛的國家。新羅王室是在第二十三代王法興王十五年（五二八年），因王族異次頓（五〇六～五二七年）為佛教殉教的神異事蹟，而得到正式認可。異次頓的殉教發生於六世紀初，但在他殉身之前，佛教應也已流傳於新羅境內。

高句麗：一塔三金堂的形制

隨著佛教的初傳，文獻上所載三七四年高句麗所興建的肖門寺和伊弗蘭寺，是朝鮮半島上最初興建的佛寺，後高句麗陸續興建的佛寺包括：廣開土王二年（三九二年）平壤九座佛寺，文咨明王七年（四九八年）建金剛寺，榮留王建中台寺、珍丘寺、維摩寺，以及寶藏王建盤龍山延福寺、白鹿園寺等。

高句麗佛寺分布在今北韓和中國東北一帶，一九三八年至一九三九年間，日本人曾發掘平壤清岩里寺址及平安南道大同郡上五里寺院遺址，推定高句麗佛寺採一塔三金堂伽藍配置。所謂「一塔三金堂」，是以塔為中心，在塔前配置三棟金堂；金堂又稱法堂，是說法或供奉佛像的地方，為佛寺內重要的大殿。清岩里寺址一塔式的構造也影響到百濟的佛寺，如扶餘軍守里寺址、定林寺址都是一塔式伽藍。

百濟：建築工藝水準高超

百濟佛寺多分布在第二次遷都以後的周邊區域[1]，即今中部地區的忠清南道公州、扶餘和全羅北道益山一帶。遺有大通寺、西穴寺、定林寺、金剛寺、彌勒寺、軍守里、窺岩外里等寺址，以及現存的修德寺、皋蘭寺、無量寺等。

大通寺遺址由於出土書有「大通」字體的瓦片及石槽，

扶餘定林寺址的五層石塔，屬於百濟佛寺遺址，已登錄為聯合國教科文組織世界人類文化遺產。（陳明華攝）

二〇一九年修復完成的百濟益山彌勒寺址西塔。（陳明華攝）

受到各方矚目。大通為梁武帝在五二七至五二九年間所用年號，推測佛寺應在百濟聖王（五二三～五五四年在位）時所建，以此計算大通寺有近一千五百年歷史，為目前透過考古出土文物，韓國所發現最早的佛寺。百濟當時與魏晉南北朝往來相當頻繁，五四一年向梁請求經書、工匠、畫師，以及建築、造像技術，透過今日所遺建築或文物，可知當時百濟受到中國的影響，工藝技術已達極高水準，甚而新羅興建佛寺也徵調百濟工匠參與。

在佛教向東傳播的歷程中，百濟並搭建起中國和日本之間的橋樑，日本經由百濟接受佛教，有始於五三八年之說，文獻上載百濟聖王十八年至三十二年之間（五四〇～五五四年），兩國往來密切，五五二年聖王派遣西部姬氏達率怒唎斯致契等，送金銅釋迦佛像一尊和經論、幡蓋等物給大和倭，威德王三十五年（五八八年）遣送舍利、寺工、畫工等，開啟日本佛教美術濫觴，日本最初的佛寺飛鳥寺有百濟工匠參與，飛鳥時代的佛像、繪畫亦有不少是出自朝鮮半島工匠之手。

現位於全羅北道益山彌勒寺遺址，為百濟晚期最具代表性的佛寺，建於武王時期（六〇〇～六四一年在位），伽藍屬三塔三金堂形制，中央為木塔，東、西立兩石塔，木塔和東塔已佚失，西塔損壞嚴重，東塔重新仿造，西塔於一九九九年解體，歷經近二十年修復，於二〇一九年竣工，是韓國現存年代最早、最大的花崗岩石塔。二〇一五年包括彌勒寺址、定林寺址、王宮里遺址等八處百濟歷史遺址，經聯合國教科文組織登錄為世界人類文化遺產。

新羅：從平地到山中的伽藍建置

新羅佛寺主要分布在慶尚北道慶州市周邊，初期佛寺建於平地，主要建築坐落於南北中軸線上，次建築左右對稱，稱平地伽藍。中期以後，隨著密教與禪宗的傳入，往山地發展，形成山地伽藍；受到山地地形條件限制，建築不易採對稱方式，伽藍顯現出靈活的配置方式。

新羅最早、最具規模的寺院是真興王五年（五四四年）完成的興輪寺，真興王篤信佛教，為鞏固王權，借佛教轉輪聖王思想興建興輪寺，達成以轉輪王身分治國的目的。除興輪寺以外，真興王並於五五三年啟建皇龍寺，歷經十七年，於五六九年竣工。皇龍寺規模宏偉，經調查得知至少占地兩萬五百餘坪，堪稱是最高規格的國家寺院。皇龍寺在真興王初創期，採一塔一金堂形式，善德女王時應僧慈藏（五九〇～六五八年）的請求，在六四五年完成二百二十五尺高九層大木塔，並將慈藏自唐帶回的佛陀真身舍利百粒，入藏於塔內。此時期皇龍寺南北中軸線上，由南向北有中門、木塔、大金堂、講堂，加上東、西兩金堂，形成了一塔三金堂伽藍配置。

七世紀後期新羅聯合唐軍，擊潰百濟和高句麗，完成統一大業，以佛教為護國宗教，佛寺的興建到達最高峰期，王都慶州周邊四天王寺、感恩寺、高仙寺、佛國寺、甘山寺等鱗次櫛比，佛法之盛，莫與之先。八至九世紀間所興建寺院，有新羅高僧義湘（六二五～七〇二年）的「華嚴十剎」，十剎之中的浮石寺、海印寺、梵魚寺、華嚴寺法脈不絕至今，或如桐華寺、仙巖寺、法住寺、實相寺等也皆具有歷史淵源。以上這些三國時期始建的佛寺，雖歷盡滄海桑田，傳至今日也皆成千年古剎。

千年佛寺古意盎然

韓國傳統佛寺以木構建築為主，保存相當不易，加上常遭受火災毀損，目前建築大部分為十六世紀末期以後修建，高麗時代（九一八～一三九二年）所存不多，南韓現有安東鳳停寺極樂殿、榮州浮石寺無量壽殿和祖師堂、禮山修德寺大雄殿，以及永川居祖寺靈山殿，為十三至十四世紀高麗晚期的遺構。

佛寺的建築傾向自然主義風格，善用地理環境所賦予的條件，追求建築與自然合為一體的和諧感，盡可能保留原有建材原形與質地，減少人工的

釜山梵魚寺為「華嚴十剎」之一，梵魚寺一柱門又名「曹溪門」。（陳明華攝）

裝飾，或許未臻精細整齊，但佛寺矗立於大自然之中毫無違和感，充分流露出清新質樸，古意盎然的禪意。

多年來有賴於政府、佛教界、民間攜手合作，致力於保存、修復、活化佛教文化與文物，佛寺境內大多整理得相當整潔，地面很少看到垃圾。殿內除了佛像、佛畫、莊嚴法具以外，無其他雜物擺設，民眾探訪時，也能遵守參訪禮節，維

禮山修德寺大雄殿，為高麗時期遺構。（陳明華攝）

持寺內寧靜。對於大眾來說，佛寺並非只是一個宗教場所，而是誰都可以前去探訪、一個承載著本國傳統歷史文化的現場。當人們置身於佛寺的現場中，不但體驗到栩栩如生的歷史文化，也為燦爛輝煌的佛教文化遺產感到自豪。在朝鮮半島淵源流長的歷史中，佛教文化確實也展現了這般豐厚的底蘊。

1 百濟的歷史，從建國到滅亡，共有三次建都，西元前十八年至西元四七五年間，活動在今首爾附近的慰禮城，為第一個都城，史稱漢城時期。後受高句麗攻打，遷徙至中部地區，先在公州建都（四七五～五三八年），史稱熊津時期，為第二個都城。最後再遷都扶餘，為第三個都城，稱泗沘時期（五三八～六六〇年），泗沘時期第三十代國王武王為再建強國，在全北益山籌畫新都，可惜壯志未酬。

日本海
（東海）

韓國寺院地圖

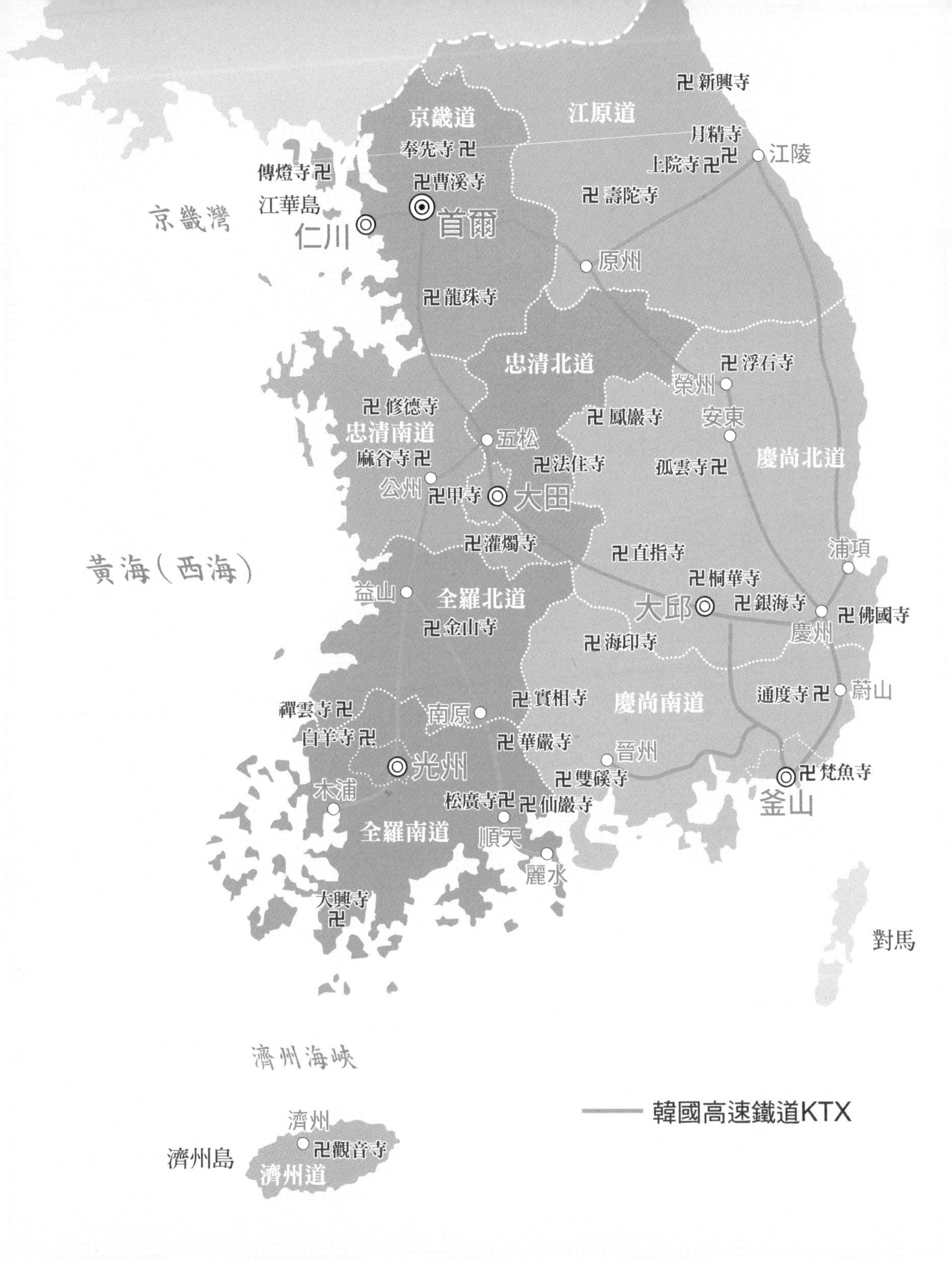

京畿道
江原道
新興寺
月精寺
上院寺
江陵
奉先寺
傳燈寺
曹溪寺
壽陀寺
京畿灣
江華島
仁川
首爾
原州
龍珠寺
忠清北道
浮石寺
榮州
修德寺
鳳巖寺
安東
忠清南道
五松
麻谷寺
法住寺
孤雲寺
慶尚北道
公州
甲寺
大田
灌燭寺
直指寺
浦項
黃海(西海)
桐華寺
益山
全羅北道
大邱
銀海寺
慶州
佛國寺
金山寺
海印寺
禪雲寺
實相寺
慶尚南道
通度寺
蔚山
南原
白羊寺
華嚴寺
晉州
光州
梵魚寺
雙磎寺
木浦
松廣寺
仙巖寺
釜山
全羅南道
順天
麗水
大興寺
對馬
濟州海峽
韓國高速鐵道KTX
濟州
觀音寺
濟州島
濟州道

目次

Chapter 2

藝術文化與生活

Chapter 1

佛寺之美

Chapter 1

01

第一佛寶寺刹

靈 鷲 山 通 度 寺

做為韓國佛教戒律始發地的通度寺，為何被推崇是「佛寶寺」？與寺內新羅慈藏法師所建金剛戒壇有何關係？而大雄殿內沒有安置佛像，是有什麼涵義呢？除此，靈山殿內丹青佛畫，珍貴且值得細細品味。聖寶博物館也收藏韓國最豐富的佛畫，堪稱佛教藝術寶庫。

在韓國，位於高山的第一大寺，若是五臺山月精寺的話；那麼平原的第一大寺，則非靈鷲山通度寺莫屬。通度寺被尊為「佛寶寺」，是韓國佛寺之首，於二〇一八年六月與浮石寺、法住寺、大興寺、鳳停寺、麻谷寺、仙巖寺等七座「韓國山地僧院」，經聯合國教科文組織登錄為世界文化遺產。

通度寺是我在不同季節中去過最多次的佛寺，除了寺內珍貴的建築文物以外，為欣賞聖寶博物館內典藏豐富的佛畫，也是原因。尤其當展出掛佛時，往往為了平時不易觀覽到的掛佛，得特地前往一趟。嚴格地說，通度寺一柱門以內，占地並不寬廣，且佛殿密集，首次探訪的人，對於佛殿的位置，常會混淆

通度寺聖寶博物館內典藏豐富的佛畫，為韓國最初設有佛教繪畫展示室的博物館。（陳明華攝）

不清。記得第一次到訪時，雖仔細參觀了聖寶博物館和金剛戒壇，但其他建築走馬看花，沒留下什麼印象。之後經過多次的探訪，才發現其實每個佛殿各具特色，都值得細細品味。

供奉佛陀舍利的「佛寶寺」

通度寺由新羅慈藏（五九〇～六五八年）始建於善德女王十五年（六四六年），慈藏出身新羅真骨貴族階層，出家後入唐求法，參訪清涼山時得到文殊菩薩感應託付，六四三年回國後，將中國的佛教聖地思想，也帶回朝鮮半島。如同他在江原道建立五臺山道場一般，靈鷲叢林通度寺也是依佛教聖地思想所建立的佛寺。當時慈藏來到歃良洲（梁山）發現：自加智山南邊延伸而來，宛若巨鷹展翅翱翔的鷲棲山，地形與佛陀在印度王舍城東邊說法的靈鷲山相仿，於是選擇此地做為新羅人聆聽佛說法的聖地。

有關通度寺寺名由來，有以下說法：1.此山之形通於印度靈鷲山之形；2.通過萬法，度化眾生；3.僧者，通過金剛戒壇而得度。雖有不同解釋，但歸根究柢，都與通度寺的鎮寺之寶，也就是國寶「金剛戒壇」有密切的關係。

在新羅初期的高僧中，相較於元曉（六一七～六八六年）的頭陀修行，義湘（六二五～七〇二年）的重視義學與實踐，慈藏是開創佛教戒律根本道場的宗師，故被稱為慈

開山大齋時，以茶禮祭拜開山祖師慈藏和歷代高僧大德。（通度寺提供）

藏律師。他曾說：「吾寧一日持戒死，不願百年破戒生。」[1]可見對僧團戒律的重視。在初建通度寺時，慈藏旋即設立象徵僧團戒律的金剛戒壇，並將自唐攜回的舍利、袈裟與藏經四百餘函瘞埋於內，開啟朝鮮半島敬奉佛、法、僧三寶的先河，通度寺也因金剛戒壇內供有佛陀真身舍利，而被尊崇為「佛寶寺」。

開山大齋禮敬祖師大德

抵達通度寺一柱門之前，先經過一條平坦的山路，道旁溪谷清澈，流水潺潺，春天櫻花盛開，繽紛秀麗；夏天松風清涼，沁人心肺；秋天秋高氣爽，清香撲鼻；冬天萬籟俱寂，松枝不畏風寒，昂然挺立。隨著季節不同，每每走過這條山路，總是給人帶來驚喜。

進入月下（一九一五～二〇〇三年）大宗師所書「靈鷲叢林」三門之前，旁邊是供奉歷代高僧的浮屠區，浮屠又稱僧塔，是安奉僧人茶毘[2]後所遺舍利的石造物。在此可以看到幾列排開的浮屠，上刻有祖師諡號或生平事蹟。每年農曆九月九日，在此舉行開山大齋，以茶禮祭拜開山祖師慈藏和歷代高僧大德，這個禮敬禪門祖師的儀式，傳承已久，是通度寺一年當中重要的行事之一，信徒也參與茶禮的獻茶活動。

從「靈鷲叢林」三門沿著聖寶博物館向前走，便來到一柱門，匾額為朝鮮興宣大院君（一八二〇～一八九八年）所題「靈鷲山通度寺」，下面兩柱聯書「國之大刹」、「佛之宗家」，出自近代名書畫家海崗金圭鎮（一八六八～一九三三年）親筆。透過柱聯所寫，可知通度寺做為大伽藍崇高的地位，非一般佛寺可相比。一柱門前並立有兩支石柱，上刻寫「方袍圓頂常要清規」和「異姓同居必須和睦」，開宗明義強調叢林僧團戒律與和諧的重要。

鎮寺之寶「金剛戒壇」

通度寺建築自新羅慈藏始建，迄今千餘年間，經過多次的重建與修繕。推測最初應是以金剛戒壇為中心，有幾間堂舍。高麗以後，佛寺大幅擴展增建，從離現在通度寺南邊約兩公里的梁山下北面道路旁，立有一〇八五年標示地界的〈國長生石標〉碑石來看，可知在高麗時代是占地相當廣闊的護國大刹。

目前寺內建築順著溪流由東往西分布，除了從一柱門到大雄殿的南北基本主軸線以外，另外還有連結大雄殿、金剛戒壇的東西第一副軸線，連結觀音殿、大光明殿的第二副軸線，以及連結靈山殿、萬歲殿的第三副軸線，配置手法頗為獨特，稱為直交型伽藍配置。

伽藍的配置將全寺劃分成三個區域：一是以金剛戒壇為中心的上爐殿區；二是以大光明殿為中心的中爐殿區；三是以靈山殿為中心的下

通度寺一柱門。（陳明華攝）

爐殿區。在這三個區域內都可見到佛陀莊嚴的面貌：上爐殿區金剛戒壇是佛陀的真身舍利；中爐殿區大光明殿是佛的法身毘盧遮那佛；下爐殿區靈山殿是佛的應化身釋迦如來佛。

鎮寺之寶金剛戒壇，位於大雄殿正前方，從通度寺東邊通過一柱門、天王門、不二門的下爐殿，經過中爐殿以後，才能來到上爐殿大雄殿所在的位置。戒壇是授戒的場所，也是僧團戒律的象徵，稱為金剛戒壇，意為誓願永遠持戒，如金剛石一般，屹立不破。慈藏在設置金剛戒壇以後，每逢初一、十五講述戒律，親自至各地佛寺巡查，匡正僧風。由於對僧團紀律的重視，為新羅佛教奠立了穩固的根基。迄今，通度寺不但是韓國佛教戒律的中心地，還傳承著傳統的授戒儀式，出家者最引以為榮的是在金剛戒壇前剃度，因為等同是得到佛陀親自授戒一般。

佛之所在的最高聖域

按道宣（五九六～六六七年）撰《關中創立戒壇圖經》內敘述戒壇所表法義與形制[3]，以及戒壇的起源，為始於劉宋元嘉七年（四三〇年）。目前中國北京門頭溝戒台寺存有中國第一大戒壇，稱為「天下第一壇」。戒壇坐落於戒壇殿內，是明代在遼代舊址上所重建，呈現品字形的三層須彌台座，最高西側塑有釋迦牟尼佛像，戒壇樣式為

《關中創立戒壇圖經》中所述的三重式。

現通度寺金剛戒壇為花崗岩築造的二重式，上、下兩層須彌台，上層四面雕有北斗七星神像，下層刻佛、菩薩、神王像，四角立守護戒壇的天王像。中央蓮花台上安置高約一百三十五公分的鐘形佛塔（或稱覆鐘浮屠），浮屠表面浮雕飛天、舍利函等紋飾，戒壇周圍的石門、石槽、欄杆、石燈等，為近代重修。此覆鐘浮屠樣式，來自《關中創立戒壇圖經》所述：「置覆釜形上，供養舍利。」可知受到中國戒壇樣式的影響。

依寺內一七〇六年僧侶桂坡所立〈釋迦如來靈骨舍利碑〉及〈世尊碑閣〉記載，可知在高麗末期及朝鮮壬辰倭亂（一五九三～一五九八年）時期，金剛戒壇蒙受毀損，以及為保護佛舍利四處藏匿的受難史，戒壇也因此歷經多次修繕，從朝鮮後期到高宗九年（一八七二年）期間，有七次修建的紀錄。

金剛戒壇可說是通度寺聖域之中的聖域，從前可自由進入，但現管制開放，須依規定參拜。進入戒壇

金剛戒壇中央蓮花台上所安置的覆鐘浮屠。（陳明華攝）

區後，信眾虔誠地右繞禮拜，誠如慈藏律師所作《佛塔偈》：

萬代輪王三界主，
雙林示寂幾千秋，
真身舍利今猶在，
普使群生禮不休。

金剛戒壇存在的可貴，並不在於「真身舍利今猶在」的有無，它所象徵佛陀的真義，以及引導人們追求成佛的心願，才是真正的價值所在。

上爐殿區：沒有佛像的大雄殿？

大雄殿為朝鮮仁祖二十三年（一六四五年）重建，南邊面向金剛戒壇，在十九世紀後期之前稱為大法堂、舍利殿或舍利閣，是為參拜金剛戒壇所建立的法堂。特別的是掛有四個殿名匾額，東懸法華教主所在的「大雄殿」，西懸華嚴根本道場的「大方廣殿」，南懸象徵僧團紀律的「金剛戒壇」，北懸佛涅槃所在的「寂滅寶宮」，四面匾額，涵義深遠。

大雄殿面闊三間，進深五間，前有石台階，基座柱石面浮雕唐草紋、蓮花紋，呈現優雅古樸的質感。面向金剛戒壇的歇山式屋頂是韓國罕見的破風樣式，屋脊上高聳的青銅寶珠相輪刹柱，顯現佛殿崇高的地位。

進入殿內，藻井所繪各種菊花、牡丹花等紋飾，莊嚴華麗。面向金

沒有佛像的大雄殿，是通度寺的一大特色。（陳明華攝）

剛戒壇北邊，安置長方形須彌壇，壇桌雕刻花草、飛龍、鹿等吉祥圖紋，展現出朝鮮匠師精巧的手藝。但奇怪的是，佛壇中央開一扇透明窗戶，佛壇上並沒有佛像，只有佛安坐的墊子。這是因為金剛戒壇內已供奉佛陀的真身舍利，大眾在佛壇前就等於參拜金剛戒壇的佛陀，因此不需要再安置佛像。

這樣具有象徵性的配置，不但富有宗教的意涵，也表現出空間借景的美學，經由窗戶將戶外的自然景象引入室內，透過自然採光營造出莊嚴光明的氛圍，並藉著由內至外伸展而出的視覺空間，表現出對佛的無上敬仰。

在韓國，供奉佛舍利塔前的寂滅寶宮，殿內佛壇上是不安置佛像的。如全羅北道金山寺戒壇前的寂滅寶宮、江原道五臺山上院寺的寂滅寶宮內均無佛像，但像通度寺主殿大雄殿佛壇上無佛像的情形，在韓國也屬特殊少見。

中爐殿區：象徵蓮華藏世界的大光明殿

大光明殿和靈山殿是除了大雄殿外，通度寺的另兩個大殿。大光明殿或稱大寂光殿，是中爐殿區主殿，象徵華嚴教主毘盧遮那佛的蓮華藏世界。殿名由來，取自《華嚴經》中所述蓮華藏世界，如來所入禪定的「大寂靜」或「大寂定」境界，或與將毘盧遮那佛視為光明的象徵有關，如〈如來現相品〉述蓮華藏世界解脫境界中的佛，是「充滿法界無礙光明、遍莊嚴一切佛剎光明」。

一進殿內，可見佛壇上的毘盧遮那佛像，像背後懸掛三幅華嚴三身佛畫，「華嚴三身佛」指清淨法身毘盧遮那佛、圓滿報身盧舍那佛、千百億化身釋迦牟尼佛。現佛殿內懸掛的是仿作，一七五九年原作收藏於通度寺聖寶博物館，是現遺三身佛畫中極為難得又完整的傑作。近來為預防文物被竊或受損，不少佛寺都將重要的文物移至聖寶博物館內收藏，佛殿內另以仿作布置。

此區內還有觀音殿、龍華殿、奉鉢塔、世尊碑閣、藏經閣、海藏寶閣、甘露堂等很多建築雕像。如龍華殿內安奉了兩公尺高的彌勒佛坐像，內部栱包和丹青，精美講究。殿前有造形獨特的石造奉鉢塔，基台座石柱上立有蓮花座和巨形的鉢盂，此鉢是為供養未來佛彌勒佛。依經所述，佛陀的上座弟子迦葉尊者，在佛滅度後，遁入印度的雞足山，不入滅，等待未來佛彌勒下生，將佛陀的衣鉢傳給彌勒佛。

下爐殿區：靈山佛國淨土的象徵

主殿為靈山殿，象徵靈山佛國淨土。殿內有非常珍貴的壁畫和〈八相圖〉幀畫。建築為一七九二年重修，在這之前殿名稱為大雄殿，初建年代應比現金剛戒壇前的大雄殿還早，也就是說至遲在十八世紀以前，靈山殿是寺內重要的大殿。

殿內東壁前設佛壇，供釋迦如來像，像後壁懸掛〈靈山說法圖〉。面對佛壇的西壁是〈法華經見寶塔品變相圖〉壁畫，釋迦如來與多寶如來二佛並坐中央，菩薩與聲聞眾隨側聆聽，是韓國現存唯一的二佛並坐壁畫，頗為珍貴。正面北壁則安置八幅〈八相圖〉幀畫，為國家無形文化財保有者林石煥仿繪，一七七五年的原作展示於聖寶博物館。

龍華殿前造形獨特的石造奉缽塔，是為了供養未來佛彌勒佛。（陳明華攝）

另東、西壁四角和南、北壁平枋上方的斗栱間壁面，彩繪白狗吠佛、祀天遇佛、老人出家、施衣得記、圓覺三觀、般若真空、請佛住世等壁畫，計有二十五幅。這些題材都出自明代刊印的《釋氏源流應化事蹟》。南、北壁下方則有龍樹造論、達摩渡江、馬鳴辭屈、法聰伏虎、僧璨求法等僧人禪修於深山荒野題材的壁畫，計二十一幅。光是欣賞這些壁畫和幀畫，即需花費半天。

靈山殿內的珍貴〈法華經見寶塔品變相圖〉，和〈八相圖〉幀畫。（陳明華攝）

〈八相圖〉描繪佛陀八大事蹟

朝鮮後期現存的佛畫中，有很多都是為儀式而繪製的，如用於「八相禮」儀式[4]的〈八相圖〉即為一例。〈八相圖〉是用兜率來儀相、毘藍降生相、四門遊觀相、踰城出家相、雪山修道相、樹下降魔相、鹿苑轉法相、雙林涅槃相八幅主題來呈現佛陀一生成道的故事。從摩耶夫人受孕、悉達多太子降生、出遊宮外、目睹眾生生老病死痛苦、下定決心出家、雪山苦行，到菩提樹下降魔成道，轉法輪說法，以至涅槃圓寂。

朝鮮時代每個寺院都自繪〈八相圖〉，以供儀式使用，通度寺靈山殿的〈八相圖〉更是其中代表之作。記得快二十多年前，美術史學家姜友邦教授帶領梨花女子大學研究生去通度寺田野調查，筆者也同行，當時此圖還沒公開展示，沾了姜教授的光，聖寶博物館特別從庫房裡取出，提供大家欣賞拍照，真讓每個人大為驚喜，那也是我第一次看到通度寺〈八相圖〉。

通度寺的〈八相圖〉，每幅畫面約由五至七種場景構成，內容豐富，人物表情生動自然，雖用很多鮮明的紅、綠、靛青原色，但搭配和諧，畫風沉穩。〈八相圖〉的表現，也見證佛教融入在地的人文和風俗。例如畫中的松樹彷彿就是通度寺一柱門前山路所見的老松，畫中人物穿著朝鮮服飾、表演朝鮮民俗樂器，同時還將城門書寫成是

「崇禮門」（朝鮮王都漢陽城門，今首爾市南大門）。

隱遁極樂庵好修行

通度寺現轄下兩百餘所末寺、佛庵、布教堂。以鄰近的佛庵來說，在靈鷲山西北有安養庵、慈藏庵、極樂庵、毘盧庵、白雲庵、鷲棲庵；南山有普陀庵、翠雲庵、修道庵、瑞雲庵、四溟庵、白蓮庵、玉蓮庵等，儼然形成一佛國聖域。

極樂庵是離通度寺不遠的佛庵，傳為高麗忠惠王五年（一三四四年）所建，近代的禪林高德如鏡峰（一八九二～一九八二年）、漢巖、月下、碧眼等皆在此隱遁修行。庵內的三笑窟是鏡峰禪師自一九五三年至示寂為止，三十年間駐留之處。取名「三笑窟」，是來自東晉盧山慧遠法師虎溪三笑的故事，相傳慧遠隱居盧山東林寺時，送客不過虎溪橋。一日陶潛與道士陸修靜來訪，三人言談甚歡，相送時不知不覺已過虎溪橋，遂相互大笑而別。鏡峰禪師結盧在三笑窟禪修，經常滿足眾生求法的願望，高齡時仍每月於極樂庵舉行法會，總有千人以上，慕名前來受教。

曾在櫻花怒放的初春參訪極樂庵，白色的花瓣飄落鋪滿入口的拱橋水面，瓣瓣分明，如如不動，各安其位，沉浸在一片靜謐之中，耳際邊回響起禪師所開示的寂默、平等不二、真如的境界，就這樣走進了如如門。

極樂庵內的三笑窟，典故來自東晉廬山慧遠法師虎溪三笑的故事。（陳明華攝）

1 見《三國遺事》卷四〈義解第五慈藏定律〉。

2 荼毘為僧人圓寂後舉行的佛教火葬儀式，火化遺下的舍利奉入浮屠內，表示對祖師的追悼與敬仰，至今仍是韓國高僧入滅時採用的儀式。

3 依唐道宣撰《關中創立戒壇圖經》述：「戒壇從地而起，三重為相，以表三空，為入佛法初門，散釋凡惑，非空不遣。三空是得道者遊處，正戒為眾善之基，故限於三重也！昔光明王佛制，高佛之五肘，表五分法身；釋迦如來滅為二肘半；上又加二寸，為三層也；其後天帝釋又加覆釜形於壇上，以覆舍利；大梵王又以無價寶珠，置覆釜形上，供養舍利。是則五重，還表五分法身。」

4 〈八相圖〉是用八幅（軸）畫面，來表現佛陀一生成道行誼的佛畫，在佛寺佛降生、成道、涅槃日或羅漢禮等重要儀式中使用，僧眾對著〈八相圖〉行拜禮，稱為「八相禮」。唐末五代敦煌地區的佛教行事，早已有「八相禮」儀禮，傳入朝鮮半島後，傳承至近代。

交通資訊

- 從首爾車站搭乘KTX高鐵到蔚山站，下車後轉乘前往通度寺的13路公車；乘坐計程車的話，車程二十五分鐘左右。
- 從釜山在東部高速巴士總站搭乘往新坪的巴士，在「新坪客運總站」下車。

Chapter 1
02

不可思議的《八萬大藏經》

法寶寺海印寺

在佛教雕經歷史上，高麗空前絕後進行兩次雕經，目前珍藏在伽倻山海印寺的《八萬大藏經》，為世界現存唯一完整的漢文大藏經木雕經版，以其精湛的雕刻藝術和文獻價值揚名於世，並列為世界人類文化遺產，海印寺也因而被譽為是「法寶寺」。

海印寺位於慶尚南道陜川郡，因收藏俗稱的《八萬大藏經》經版，被譽為是法寶寺。嚴謹地說，《八萬大藏經》應稱為《高麗再雕大藏經》或《國刊板》、《正藏》等，可說是韓國最重要的佛教文物。之所以稱為「再雕」，是因為在這之前已有一〇一一年開雕的《初雕大藏經》及續藏。在十一世紀至十三世紀間，高麗王朝先後進行兩次工程浩大的大藏經刊刻，在佛教雕經歷史上，也是空前絕後的。

什麼是大藏經？簡單地說，大藏經就是匯集佛教經、律、論三藏一切典籍的總集，又稱一切經、藏經、三藏聖教等。漢文大藏經的編集，隨著佛教的傳入，以及譯經的蓬勃發展，在隋唐時期已對譯經目

海印寺一柱門。（Shutterstock／達志影像提供）

錄進行纂集，然此時完成的編集，是經由抄寫流傳，在經書的取得與保管上都極為不易，成為佛教弘法利生的阻礙。直到九八三年，北宋開木刻佛經之先例，完成《開寶藏》，才開啟了佛法普及化的新篇章。隨後周邊國家受其影響，紛紛仿效刻印大藏經，而有遼版《契丹藏》、金版《金藏》和《高麗藏》等的誕生。

崔瑀號召再雕大藏經

高麗是高度崇尚佛教的國家，為了雕經，廣蒐經籍，成宗十年（九九一年）自宋帶回大藏經；一〇六三年取得《契丹藏》；一〇八五年大覺國師義天（一〇五五～一一〇一年）入宋求法，回國時也運回大批經書。初雕藏經時是復刻《開寶藏》，再雕則以《初雕大藏經》為底本，互校宋、契丹版等藏經，整部大藏經卷帙浩繁，纂集完整，校勘嚴謹，受到後世推崇。

大藏經的雕印，所費不貲，亦被視為是展現國家到達高文化水準的象徵，但是高麗的兩次雕經，都是起因於與外敵的戰事，統治者發起刻印大藏經的目的，是欲藉佛力攘敵，凝聚民心，祈佑國泰民安。高麗時期與周邊的契丹、女真、蒙古等戰事頻繁，初雕是因契丹二度攻打高麗而起，雕經年代有幾種看法，較為保守的說法是自一〇一一年，至一〇八七年完成，前後長達七十七年。但不幸地，一二三一年蒙古入侵，《初雕大藏經》和義天編纂註釋的《新編諸宗教教藏總錄》，於次年全被蒙古軍燒毀[1]。

當時握有朝政大權的武臣崔瑀（？～一二四九年）為安撫反對派勢力和收服民心，號召再雕大藏經。崔瑀與高麗後期佛教界關係密切，不但護持普照國師（一一五八～一二一〇年）的修禪社，且讓兒子在松廣寺出家。實際上，他也是主導雕經的核心人物，一二三二年將王都開京遷至江華島，開始籌措雕經，崔氏家族並出資雕經所需費用。

一二三六年，在江華島設置大藏都監；一二四五年，興建禪源寺總管雕經事項。同時為方便取得經版所用山櫻樹、山梨樹等木材，以及妥善保管經版，在南海亦設立分司都監。主要雕經集中在一二三七年到一二四八年期間，於一二五一年完工。為了雕經，動員各項人物力資源，包括伐木工、運搬工、木工、漆工，以及經書抄寫、勘誤、刻手等人員。雕經過程固然招來不少民怨，但相較於初雕耗費時日，僅花了十六年。經版完成後安放在禪源寺，朝鮮初期移至漢陽支天寺，一三九八年後再運送至海印寺保管。

韓國發現最古老的木刻佛經印本

《高麗再雕大藏經》是在十三世紀當時做為印刷使用、規模最大的經版，能進行這樣龐大雕經所需具備的技術，非一日之功。在高麗之前，統一新羅已自唐習得中國發明的印刷術，目前也發現統一新羅時代的木刻佛經印本《無垢淨光大陀羅尼經》[2]。

《無垢淨光大陀羅尼經》的出土頗為曲折，起因於一九六六年有不肖之徒，欲盜取慶州佛國寺釋迦塔內的舍利，偷偷地以千斤頂撬開塔身，結果失手，佛塔轟然傾塌，盜賊倉皇無措，逃之夭夭。後在修繕過程中，因工人的失誤，再度造成釋迦塔的二次損壞，然沒想到，從塔身中發現足以改變韓國印刷歷史的珍貴文物。

《無垢淨光大陀羅尼經》的出土，重見天日，說明木版印刷術在統一新羅時期（六七六～九三五年）已被用於印經。高麗以後，寺院更普遍使用，如為穆宗十年（一〇〇七年）開城摠持寺的木刻《寶篋印陀羅尼經》印本，此經前有卷首畫，字體筆畫整齊精巧，技術已達相當水準。可以說，朝鮮半島的木版印刷術從《無垢淨光大陀羅尼經》開始，傳承至高麗，在雕刻大藏經時，已能展現嫻熟的技術和經驗。

藏經板殿契合自然條件的建築工法

海印寺存放經版的藏經板殿，在主殿大寂光殿後面，位於寺中最高處，由兩棟主體建築脩多羅藏、法寶殿和東、西兩小棟寺刊板殿組成。建築建於朝鮮一四五七年，當時對於安放經版位置、日照時間、季節風向等因素，事前均經過詳細調查。

建築營造手法充分結合自然條件，以維持最適合保管經版的溫濕度。例如為預防潮濕，在地面埋入鹽、木炭、石灰等；考慮風向日照，建築物南北面的窗戶大小，亦有所不同。以脩多羅藏來說，窗戶設計成直立條式，南邊（正面）窗戶上小下大，北邊（背面）上大下小，早晨陽光穿過窗隙照射於地面，經由昇起的陽光進行殺菌，從一天幾回的自然光，產生水分蒸發與空氣對流，防止經版龜裂腐朽，來進行保存。

脩多羅藏殿和法寶殿，內架

脩多羅藏殿利用窗戶的設計，來調節內部的溫濕度，維持保存經版的最佳環境。（陳明華攝）

設長一百五十、高六十四公分板架，上、下五層，平均一個板架放三十四到四十四張雕版。經版大小平均為橫二十四至二十五公分、長六十九至七十八公分、厚二點四至三點六公分左右。為製成這樣的雕版，至少要用直徑五十公分以上的原木，採集來的木材先在海水中浸泡三年，確定經得起腐朽，才加以使用。

雕刻時，刻手每刻一字三拜，字字形體如鬼斧神工般彷彿出自同一人之手。所刻經文達五千兩百萬字，經版共計八萬一千兩百五十八塊，數量之多，環視世界也是獨一無二。相較於其他大藏經刻版大多佚失，或僅遺存部分印本，《八萬大藏經》成為現存大藏經中年代最早、最為完整的經版。

奇蹟不斷的藏經板殿

如此珍貴的人類文化遺產，雖完後歷經戰事連連的朝鮮時代，均能安然度過各種劫難，保存至今近七百七十餘年，不能不說是奇蹟。

脩多羅藏殿和法寶殿中的經版，為現存大藏經年代最早的經版。（Shutterstock／達志影像提供）

當然期間也發生過令人匪夷所思的事件。朝鮮由於崇儒抑佛，對佛教文物不屑一顧，日本倭人卻覬覦經版和印本，用盡各種名目和方法不斷索求藏經。依《朝鮮王朝實錄》紀錄，從朝鮮前期截至孝宗（一六一九～一六五九年在位）為止，將近有八十多回索討。有時是派遣使臣以王命要挾，有時是地方藩鎮將領要求，得不到賞賜時，便以絕食要挾或武力掠奪，令朝鮮不堪其擾。

如一四八五年，成宗召集群臣，商討日本大內殿以祖先為朝鮮人為由索求藏經之事。朝廷中，出現將藏經視為異端之書、無用之帙，即使焚棄也不足為惜的奏呈；也有大臣認為國王不好佛，異端之書於朝鮮，不足為寶，既然對方所求不多，不如就答應何如。所幸後來以印經所費不貲等理由，不了了之，婉拒了日本的要求。

又自一六九五年以後，海印寺曾有過七次大火，建築幾乎全毀，但神奇的是藏經板殿竟每次倖免，安然無恙。近代也有一位挺身而出、奮勇保護經版的英雄，一九五一年韓戰期間，南韓空軍上級命令上校金英煥襲擊北韓人民軍，由於深知經版的可貴和價值，金上校抗命不願砲擊海印寺大寂光殿一帶，讓藏經板殿得以幸運地逃過免於成為砲灰的劫難。

1 原以為焚毀的高麗《初雕大藏經》印本，一九六五年在日本京都南禪寺發現近兩千卷，雖然無法取回文物，但已由「高麗大藏經研究所」完成經卷的數位化紀錄。

2 《無垢淨光大陀羅尼經》以楮樹製成紙本，上書「陀羅尼經」，版框上、下邊長為五點三至五點五公分，各行字數七至九字，紙寬幅六點五至六點七公分，全長約六百二十公分，現藏於韓國國立中央博物館。關於此經卷印製年代與雕刻地，中、韓學界至今仍有不同的看法，韓國方面認為年代可溯及至八世紀初，最遲不超過釋迦塔興建的七五一年。

交通資訊

- 從首爾江南高速巴士總站搭車到大邱市，在大邱西客運總站（서부시외버스터미널）轉乘公車前往海印寺。
- 從釜山搭高速巴士到大邱市，同樣在大邱西客運總站轉乘。

Chapter 1
03

千古曹溪
法雨均霑

僧 寶 寺 松 廣 寺

松廣寺輩出十六位國師，是赫赫有名的「僧寶寺」，與通度寺、海印寺並列為韓國的佛、法、僧三寶寺，輝煌寺史由高麗普照禪師的修禪社肇始，雖遭戰火摧殘，歷經八次重建，看盡東流水滾滾無停時，始終一貫傳承著曹溪本然的禪風。

松廣寺號稱「僧寶宗剎曹溪叢林」，與通度寺、海印寺並列為韓國佛、法、僧三寶寺，也是現今韓國佛教第一大宗團曹溪宗祖庭。初由慧璘禪師建於新羅末期，稱吉祥寺，在高麗中期以前尚是規模不大的佛寺。

開啟松廣寺新頁的普照禪師

然在高麗普照知訥（一一五八～一二一〇年）駐錫之後，禪風大興，成為禪修大道場。普照圓寂後傳弟子真覺慧諶（一一七八～一二三四年），續宣揚曹溪牧牛家風，改稱松廣寺，二百一十餘年間，輩出十六位國師，因而被譽為「僧寶寺」，松廣寺的歷史，可說是由普照國師所締造出來的。

普照國師早年出家，出身統一新羅時代以來，九山禪門中門庭最為興盛的闍崛山派，二十五歲時僧科合格，因無法苟同當時教界攀附迎合權貴的現象，毅然放下僧職，與道友組織定慧結社，遁入山中修行。

一一九〇年普照隱身於八公山居祖庵，撰述〈勸修定慧結社文〉，倡導禪教兼修，欲以信仰正信佛法，匡正處於搖擺不定的佛教，普照所領導的定慧結社運動，在教界如一股清流，掀起萬波漣漪，慕名前來同參者，絡繹不絕。由於追隨者日漸增多，於是將修行處移至較為寬敞的松廣山吉祥寺，開啟了松廣寺做為禪修中心地的歷史新篇章。

僧寶殿殿外壁所繪〈十牛圖〉，以及松廣寺三大名物之一，可盛四千人份齋飯的大木槽。（陳明華攝）

曹溪祖庭大伽藍獨樹一格

松廣寺自普照國師駐錫以後，迄現代一九九〇年為止，共經過八次大修繕。韓戰（一九五〇～一九五三年）以前，約有八十餘棟建築物，今為五十多棟，仍維持著大叢林的規模。以主殿大雄殿為中心，配殿分布於四周，由內向外形成方形的動線，展現義湘大師〈華嚴一乘法界圖〉偈頌中華嚴曼荼羅的世界，和一般寺院採南北縱向的中軸線不同。

依地形的高低，建築的分布可劃分為上、中、下三區域，下區為進入佛寺的一柱門、天王門、羽化閣、枕溪樓、凌虛橋等；中區是分布在大雄殿周圍的僧寶殿、觀音殿、地藏殿、靈山殿、藥師殿等；最高處上區，是在大雄殿和觀音殿後方一帶的禪院，松廣寺重要的修禪空間建築都座落於此。

由大雄殿後面砌高的石造階梯，拾級而上，就來到禪院區建築，內有國師殿、說法殿、修禪社、海清堂、行解堂、道成堂和上、下舍堂等。將僧人修行的空間，建在高過於大殿的位置，象徵著禪超然物外的境界，一如法寶寺海印寺藏經閣的位置，也是高過於主殿大寂光殿。

國師殿緬懷高僧真影

指定為國寶級保護的國師殿，內奉十六位國師畫像，是松廣寺做為僧寶寺最具代表性的建築，其地位如同供奉朝鮮歷代國王靈位的宗廟，所蘊藏的重要意義與象徵性，不言而喻。殿初建於高麗恭愍王十八年（一三六九年），也是目前松廣寺年代最早的建築。十六幅國師畫像分別懸掛於正面東壁（十一幅）、南壁（三幅）、北壁（二幅）。

東壁正中是第一代至第三代國師，即普照、真覺、清真夢如（？～一二五二年），旁兩側序列第四代至十六代，分為真明混元（一一九一～一二七一年）、圓悟天英（一二一五～一二八六年）、圓鑑沖止（一二二六～一二九二年）、慈靜一印（不詳）、慈覺道英（不詳）、湛堂（不詳）、慧鑑萬恆（一二四九～一三一九年）、

國師殿是最能代表松廣寺的建築，安奉了十六位國師畫像。（陳明華攝）

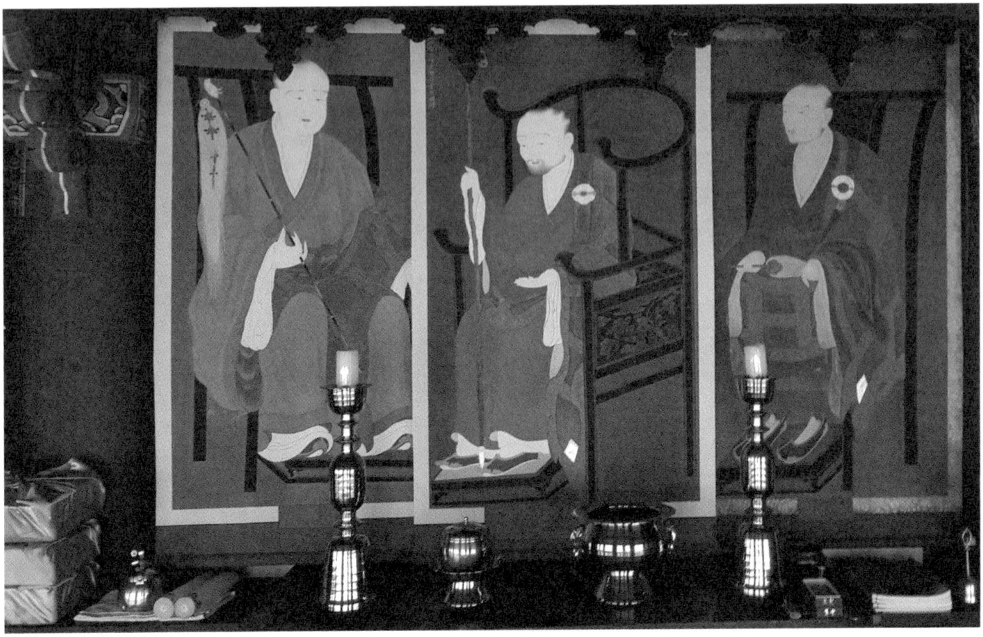

國師殿的中央東壁懸掛真覺（左）、普照（中）、清真夢如（右）三位國師畫像。（陳明華攝）

慈圓（不詳）、慧覺（不詳）、覺真復丘（一二七○～一三五五年）、淨慧復庵（不詳）、弘真（不詳）和高峰法藏（一三五○～一四二八年）。除了朝鮮高峰國師以外，都是高麗後期弘揚曹溪宗風的大宗師。

十四世紀後期，國師殿建成之際，殿內應已安奉十六位國師的畫像，但朝鮮壬辰倭亂時畫像全毀，後於一七八○年重繪。不幸的是，一九九五年小偷趁隙潛入殿內，竊走十三幅畫像。文物被竊後，至今仍未能尋回，因此現十六幅畫像中，只有普照、真覺、淨慧國師三位國師影幀是一七八〇年原作，其餘都是依一九六九年拍攝的照片仿繪，於二〇一七年底重新安置的。

畫中禪師多倚坐或結跏趺坐於椅上，採這樣坐姿的構圖樣式，應是受到宋代以來，高僧或人物肖像畫的影響，但實際上朝鮮人沒有使用椅子的習慣。國師的相貌，除了高峰和尚蓄髮外，皆為比丘相，著長衫披袈裟，手中持物多為拂子，唯獨普照國師是持拄杖，據說是因為國師持杖說法後入寂的緣故。

普照國師的畫像，是依現大邱市桐華寺藏寶物〈普照國師知訥真影〉為底本而繪，而其他國師，可能長相不詳，畫師只能憑空想像，所以每位國師的相貌及衣飾，看起來都非常相似。自從畫像失竊後，國師殿便不再開放。只在佛誕日，或是每年舉行紀念普照國師涅槃的宗齋（農曆三月二十七日）時，才可入內參訪。

僧人生活與禪修的禪房

松廣寺曾被稱是為無電視、無冷氣、無手機的「新三無之地」，可見做為具有歷史意義的傳統大叢林，所堅持的理念與原則。相較於其他佛寺，松廣寺由於是僧人雲集修禪和生活的大叢林，建有較多的禪房和寮舍。一般人可能對僧團作息的場域相當好奇，不過，這些地方非經許可，是不可隨意闖入的，這也是參訪佛寺時應注意的禮節。

說法殿原稱善法堂、無說堂或八萬藏經閣，曾做為說法講經之處。自朝鮮晚期以來，是保管一八九九年海印寺《八萬大藏經》印本的藏經閣。但一九五一年經書因火災焚毀，而改名為說法殿，現做為安居修禪空間。

上舍堂與下舍堂都是寮房，上舍堂又稱三日庵。傳說原為金朝太子的第九代國師湛堂，來到高麗松廣寺出家，喝了甘露泉水，三日之間在上舍堂悟得正道，故而稱三日庵。自曹溪叢林進入松廣寺以後，三日庵大多做為方丈居所。下舍堂建造於一四六一年，指定為寶物，為現存年代最早的木造寮房。面闊三間，左側兩間設有暖炕，右邊一間是廚房，有趣的是，廚房屋頂從內鑿了小煙囪孔，做為通風口，同時為避免雨水滲入，在煙囪孔上端加蓋屋頂，形成極為獨特的造型。

近代高僧續演傳奇

普照國師在松廣寺所播下的佛法種子，傳承至近代，輩出不少高僧大德，如德行崇高的曉峰學訥（一八八八～一九六六年），法師出家前，畢業於日本早稻田大學法學科，在日帝強占時期擔任法院審判官，可說是當時上層社會的菁英分子。然因一件誤判死刑的案件，身心飽受譴責，開始接觸佛法，於一九二五年在金剛山神溪寺出家。出家時隱瞞身分，自稱是不學無知

下舍堂是韓國現存年代最早的木造寮房。（陳明華攝）

松廣寺聖寶博物館大廳牆面安奉刻有歷代方丈住持的木製名牌。（陳明華攝）

的賣糖小販。

曉峰法師與松廣寺，因緣殊妙。據說他在安居時，夢中聽聞第十六代高峰國師說法後，醒來改名為「曉峰學訥」，以表效法普照和高峰法師的教誨。在松廣寺常居三日庵，作育無數佛門學僧。所說法語，如當頭棒喝，震撼人心，如在李承晚大統領生日宴上，被李承晚問及生日何時，回答：「生不生，死不死，何來生日。」此名言後來傳頌一時。入寂時，留下涅槃偈：「吾說一切法，都是早駢拇，若問今日事，月印於千江。」懿德高風，受人景仰。

除曉峰法師以外，九山秀蓮（一九〇九～一九八三年）致力向世界弘揚韓國禪法，創立國際禪院，度化許多外國人禪修出家。或是如倡導「無所有」思想，以清貧修行典範，成為大眾心靈導師的法頂（一九三二～二〇一〇年），都是松廣寺引以為傲的出家人。

目前常住松廣寺的出家人約百餘

位，面臨出家人數逐年減少的現象，對此前住持真和和尚認為「以身作則」，是接引大眾出家最好的方法。確實，決心出家難，要成為受到人們敬仰的出家人更是難。

二〇一七年，松廣寺聖寶博物館重建落成，大廳牆面設計成藏經書架，將刻有歷代方丈住持的木製名牌，一一安奉其中。仰視一生貫徹勇猛精進的禪師之名，想像他們千辛萬苦所跋涉的成佛之路，油然而生敬佩之心。

交通資訊

- 從首爾搭乘KTX高鐵到順天站，站前有公車站牌，在此搭乘111路公車前往松廣寺。
- 搭乘高速巴士到順天客運總站，轉乘111路公車前往松廣寺。

Chapter 1

04

道不遠人，人遠道；山非離俗，俗離山

俗離山法住寺

座落在寧靜俗離山中的法住寺，為繼承法相宗法脈的湖西第一大伽藍，也是三國以來彌勒、地藏信仰的聖地，代表法住寺標的物的「塔殿」八相殿，是韓國碩果僅存最高的五層木塔建築，內部四方佛壇安置佛像與〈八相圖〉，象徵著佛法永續，常住世間。

二〇一八年韓國登錄為世界文化遺產的七處傳統山寺中，法住寺與麻谷寺是位於中部忠清道地區的兩座佛寺。法住寺在忠北報恩郡俗離山，自古以來，以風光清雅脫俗，遠近馳名。進入佛寺之前，朝鮮世祖賜封的正二品松，英姿挺拔，迎客而來，駐足欣賞後再往前至水晶橋，五里道路上古樹參天、鬱鬱蔥蔥，令人神清氣爽。昔日新羅文人崔致遠（八五七年～？）到此一遊，大為讚賞，作了一首膾炙人口的詩：「道不遠人，人遠道；山非離俗，俗離山。」增添不少人們對俗離山法住寺的憧憬。

法住寺又稱吉祥寺，正如其名，意喻佛法常住之處，是繼承法相宗法脈的佛寺。傳於新羅真興王十四年（五五三年），由赴天竺求法的義信法師開創，三國時期由真表律師再奠定根基。

《三國遺事》載，真表日夜勤修戒法，彌勒菩薩從兜率天宮而下，摩頂授記，地藏菩薩也加持授與戒本，師先至金山寺鑄成彌勒丈六像，後入俗離山苦修，弟子永深、融宗、心地等奉行追隨，以彌勒及瑜伽唯識為宗義，創立吉祥寺。之後再經普明、慈淨、信眉、守眉、一禪、覺性、熙彥等僧人一脈傳承，與金堤市金山寺、大邱市桐華寺、江原道高城郡鉢淵寺等並列為韓國法相宗重要道場。

自新羅至高麗期間，法住寺建築歷經八次大整修，朝鮮中期經碧巖覺性（一五七五～一六六〇年）重

建後有六十餘棟建築及七十多處佛庵，規模遠舉，被譽為是湖西地區（今大田、忠清南北道）第一大

伽藍。寺中存遺文物極多，計有三件國寶、十三件寶物，以及地方文化財十七件，收藏之豐，為其他佛

朝鮮世祖賜封的正二品松。（陳明華攝）

寺所望塵莫及。現做為主殿的大雄殿，重建於一六二四年，內供奉韓國最大的三身佛坐像——法身毘盧遮那佛、報身盧舍那佛、化身釋迦如來佛，造像莊嚴肅穆。大雄殿規模宏偉，與求禮華嚴寺覺皇殿、扶餘無量寺極樂殿，並稱為朝鮮三大佛殿。

八相殿：法住寺象徵標的

國寶八相殿初建於七七六年，於朝鮮壬辰倭亂時全毀，一六〇二年泗溟惟政（一五四四～一六一〇年）依原貌開始復建，歷經二十二年漫長工程，終在一六二六年由碧巖完成，是韓國現存木塔中，碩果僅存最高的五層木塔。八相殿構造屬「塔殿」形式，外觀為塔形，內部具有佛殿的功能。韓國木塔源起於三國時期[1]，但古代興建的木塔多已毀，僅殘遺塔址，因此屬於木構建築的八相殿能遺存至今，益顯珍貴，具有特殊的意義與價值。

八相殿塔基為兩層石台，四面設階梯。塔身第一、二層各面為面闊五間，進深五間，中間門口可進出；第二層以上塔身逐層縮小；三、四層均為面闊三間，進深三間；第五層面闊二間，進深二間。每層塔身間築有塔檐，塔頂為四角攢尖頂，頂上端立石造露盤與鐵鑄五輪相輪部。

進入塔內，中央設有塔心柱，直達相輪部，塔心柱以四根高柱撐起，柱間築壁封閉，四面四壁下方設佛壇，分別安奉釋迦如來像、涅槃像、千佛、五百羅漢像。四柱間壁面懸掛佛陀八相成道佛畫，各面掛兩幅，依入正門順時鐘方向，東面兜率來儀、毘藍降生，南面四門遊觀、踰城出家，西面雪山修道、

上／大雄殿規模宏偉，重建於一六二四年，內供奉韓國最大的三身佛坐像，造像莊嚴肅穆，為朝鮮三大佛殿之一。（陳明華攝）
下／法住寺象徵標的物——八相殿，是韓國少數遺存的木塔建築，內部具有佛殿的功能。（陳明華攝）

樹下降魔，北面鹿苑轉法、雙林涅槃。從塔內部設置四方佛壇和各壁面掛〈八相圖〉的方向，可知是為「右繞三匝」的儀式而作。實際上，法住寺也一直傳承八相殿的繞塔儀式，雖曾於二〇一〇年因故中斷，時隔九年後，二〇一九年佛誕節又再現風華。

佛法長流的珍貴石雕寶物

法住寺建築雖是在朝鮮中期後所重建，但包括國寶雙獅子石燈、國寶石蓮池、寶物四天王石燈、寶物奉鉢石像等，都是新羅時期遺下的石雕文物。石燈一般設於金堂或佛塔之前，為佛法真理和光明的象徵。雙獅子石燈造於新羅聖德王十九年（七二〇年），基座為兩層八角形礎石，幢身下竿柱部雕二獅相對，各以前肢托住蓮花台（幢身），幢頂上的寶頂以寶珠裝飾，八角形燈室中央鑿有窗口。石燈的竿柱，常見是多角形或圓柱體，雙獅子造型的竿柱，別具一格。統一新羅時期造雙獅子石燈，除法住寺外，尚遺光州光陽中興山城雙獅子石燈及陝川靈岩寺址雙獅子石燈兩例，但以法住寺石燈最大，獅子雕刻手法寫實，靈活生動。

石蓮池為極樂世界蓮池的象徵。八角形基座，中柱托住半球形的蓮池，宛如一朵含苞待放的蓮花。蓮池表面上下浮雕單、雙瓣仰蓮，花瓣內以寶相華紋裝飾，上端口緣欄杆環繞，欄杆面雕刻天人與菩薩像，經由匠人的巧思，表現《無量壽經》中所述淨土世界莊嚴光明的蓮池：

又眾寶蓮華周滿世界，一一寶華百千億葉，其葉光明無量種色，青色青光，白色白光，玄黃，朱紫光色亦然，煒爗煥爛，明曜日月。一一華中出三十六百千億光；一一光中出三十六百千億佛，身色紫金，相好殊特；一一諸佛又放百千

石蓮池為極樂世界蓮池的象徵。八角形基座，中柱托住半球形的蓮池，為新羅時期遺下的石雕文物。（陳明華攝）

法住寺摩崖佛是韓國難得一見的如來倚坐像。（陳明華攝）

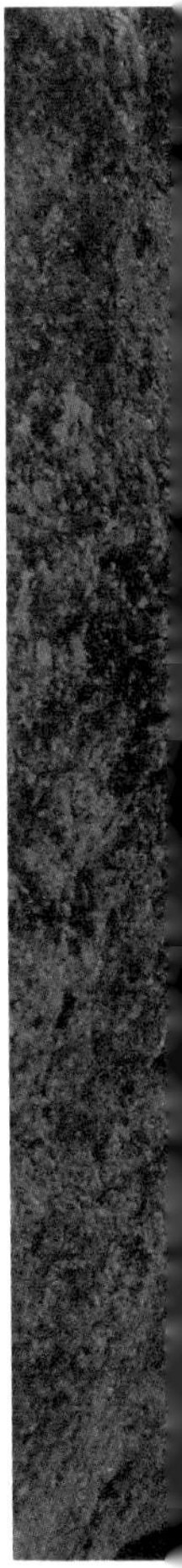

光明，普為十方說微妙法；如是諸佛各各安立無量眾生於佛正道。

奉缽石像菩薩像以雙手托缽，有說此菩薩像為喜見菩薩，喜見菩薩是藥王菩薩前身，經說喜見菩薩為供養《法華經》，灌諸香油，以神通力願，而自燃身。或謂此像是在雞足山持世尊衣缽，等候彌勒下生的迦葉尊者。

引導眾生前往彌勒淨土

法住寺是彌勒信仰的道場，寺內安奉兩尊彌勒像，一是在八相殿西側的大岩壁上，於高麗末期鑿刻的寶物摩崖如來倚坐像；另一是立於龍華殿上的青銅彌勒大佛。

摩崖如來倚坐像，佛端坐於浮飄而上的蓮花，雙足敞開，自然下垂。如來方臉大耳，頭有肉髻及摩崖如來像中少見的螺髮，五官深刻，眉眼銳利，臂膀豐實，偏袒右肩，右手手心向外，中指輕彈姆指，左手平放胸前，持說法印。韓國倚坐如來像並不多，存世之中最早為六四四年造慶州三花嶺彌勒三尊坐像，因此法住寺鑿刻在石壁的如來倚坐像，非常寶貴。

青銅彌勒大佛高達三十三公尺，高聳入天，大佛台座內部設計成龍華殿，內有佛堂及文物展覽室，展出一七四二年作寶物新法天文圖屏風八屏、木造釋迦如來坐像等文物。

現彌勒大佛所在位置，原是朝鮮時期的龍華寶殿（又稱珊瑚殿），建築為雙檐三十五間，比當時二十八間的大雄殿還要宏偉壯觀，殿內安有金身丈六像。但一八六五年，興宣大院君（一八二〇～

寂滅寶宮內奉有高麗恭愍王所立的佛陀舍利塔。（陳明華攝）

一八九八年）重建景福宮，為籌募修建款項，大肆搜刮民間財物，以鑄造「當百錢」為由，徵收珊瑚殿丈六像。法住寺頓失寶殿佛像，竟漸沒落衰敝，直到一九三九年由雕刻家金復鎮造泥塑大佛，才重振香火。此像歷經五十餘年後作廢，一九九〇年再造青銅大佛，於佛誕日開光，二〇〇二年曾進行改金。

另外，法住寺寂滅寶宮內奉有世尊舍利塔，起因於一三六二年，高麗軍擊潰侵擾的元紅巾賊，恭愍王（一三五一～一三七四年在位）從安東返回開京時，參拜法住寺，將通度寺金剛戒壇的一顆佛陀舍利，迎奉至此，舍利塔旁為朝鮮孝宗元年（一六五〇年）所立世尊舍利塔碑。

1

佛塔的興建是隨著佛教的傳播而起，中國素材多樣，有磚、木、石塔等，韓國盛產花崗岩，主要以石塔為主，日本則以木塔為主。故在朝鮮半島，木塔極為珍貴，三國時期所建木塔，有統一新羅建慶州皇龍寺九層木塔、四天王寺木塔；百濟有扶餘軍守里寺址、金剛寺址、彌勒寺址木塔等，惜皆毀損。

交通資訊

- 從首爾或其他城市搭乘前往俗離山高速巴士，因班次較少，可先搭往清州市的巴士，在清州站轉乘前往俗離山，較為便利。

Chapter 1
05

近代畫僧輩出的
大伽藍

泰華山麻谷寺

二〇一八年麻谷寺被列入世界文化遺產，寺內擁有靈山殿、大光寶殿和五層石塔等豐富文物，是一座清新謐靜、禪意盎然的千年古寺。近代更輩出許多優秀畫僧，遺有精美丹青佛畫，被譽為是「南方畫所」，一脈相承韓國傳統佛畫。

麻谷寺位於忠清南道公州市寺谷面泰華山山麓，為大韓佛教曹溪宗第六教區本寺，轄下有近八十處的末寺和佛庵，不僅是忠清南道地方的首要佛寺，也是登錄聯合國教科文組織的世界文化遺產。佛寺占地約八千餘坪，環境清幽，春天景色尤美，有「春麻谷秋甲寺」之美譽，朝鮮世祖巡遊至此，稱讚是「萬世不亡之地」。

伽藍以穿過極樂橋的下川，劃分為南、北院，北院有大光寶殿、大雄寶殿、五層石塔、應真殿、尋劍堂、梵鐘樓；南院有靈山殿、冥府殿、國師堂、興聖樓、梅花堂、影閣、解脫門等。從建築配置的理念來看，反映著佛教的兩大核心教義，即以靈山殿為主殿的南院殿宇，象徵修行成佛的實踐；以大光寶殿為主殿的北院，則是體現華嚴莊嚴的蓮華藏世界，表對眾生的教化。

各種創寺傳說

關於麻谷寺的開山，有以下說法：

1. 依一七八五年《麻谷寺大光寶殿重創記》載，大光寶殿於六四三年間由新羅入唐僧慈藏（五九〇～六五八年）初建，後經梵日（八一〇～八八九年）、道詵（八二七～八九八年）、普照（一一五八～一二一〇年）等僧

麻谷寺以穿過極樂橋的下川，劃分為南院、北院。（陳明華攝）

人再修建。

2.一八五一年任源横作《泰華山麻谷寺事蹟立案》，述唐朝高僧麻谷寶徹在此說法，聽聞佛法得道的僧眾，遍地如麻，佛門興盛。權相老（一八九七～一九六五年）在其所編著《韓國寺剎全書》中解釋，麻谷寺是新羅九山禪門之一的聖住山門開山祖師朗慧無染（八〇一～八八八年），為承繼麻谷寶徹法脈而命名。

3.麻谷寺所在地區為麻氏聚居之處，或有認為此地盛產麻作物，因此佛寺稱為麻谷寺。

創寺的由來雖說法不盡相同，惟學界對慈藏創建之說，存有質疑，除了與史實不符外，主要是痲谷寺境內，至今未發現與三國或新羅時代相關的遺物。

靈山殿過去七佛和千佛

朝鮮時期痲谷寺歷經壬辰倭亂與丙子胡亂，度過了六十年間兵荒馬亂時期，直至孝宗元年（一六五〇年）經由公州牧使李泰淵（一六一五～一六六九年）著手重建，方得以重見

靈山殿有別於一般靈山殿，奉祀過去七佛和千佛。（陳明華攝）

天日。但一七八二年寺內發生大火，五百餘間殿閣盡燒毀，只有靈山殿倖存，成為現寺中年代最久的建築物。

靈山殿名稱取自佛陀在靈鷲山為眾生開示，演說《法華經》靈山大會的涵義。一般安像法，殿內安奉釋迦如來佛與羅漢聖眾像，但此殿安奉的是象徵釋迦出世前的過去七佛與賢劫千佛。過去七佛指莊嚴劫末的毘婆尸佛、尸棄佛、毘舍浮佛、拘留孫佛、拘那含牟尼佛、迦葉佛、釋迦牟尼佛。賢劫中出世的千佛，象徵賢劫的諸多聖賢，如《悲華經》卷五云：「此佛世界當名娑婆。何因緣故，名曰娑婆？是諸眾生忍受三毒及諸煩惱，是故彼界名曰忍土。時有大劫，名曰善賢。何因緣故，劫名善賢？是大劫中，多有貪欲、瞋恚、愚癡、憍慢眾生，有千世尊成就大悲出現於世。」

韓國禪宗有奉七佛和三十三位祖師的傳統，麻谷寺靈山殿將過去莊嚴劫末千佛中的七佛，安置於佛壇，顯現對七佛的崇敬；以聖賢聖眾為佛，也是激勵在今世勇猛精進的僧人，早日修成正道。在中國，大殿奉祀過去七佛有不少實例，如建於遼開泰九年（一〇二〇年）奉國寺的大雄殿（今遼寧省義縣城），而在韓國，如同麻谷寺靈山殿以過去七佛和賢劫千佛的搭配，則較為少見。

蓮華藏世界大光寶殿

寶物「大光寶殿」又稱大寂光殿、大光明殿、毘盧殿等，是華嚴蓮華藏世界的象徵。殿為朝鮮後期歇山式、多包柱建築樣式，內部佛壇陳設較為簡單，僅安奉一尊高麗恭愍王時塑造的毘盧遮那佛像。朝鮮後期一七八二年，寺中發生火災，燒毀了大佛堂及眾多殿閣，而這尊佛像卻奇蹟般地躲過一劫。特別的是，此像安放的位置異於一般朝向建築中門正前方的慣例，採取的是在一進殿內的左側，因此佛像是面向東方。佛像坐西朝東，或說華嚴宗教主毘盧遮那佛，光明遍照，與日（太陽）的象徵性有密切的關聯，或說受到北方遼金民族薩滿信仰中「敬日崇東」的影響。

一般信眾在參拜毘盧遮那佛像後，會繞佛像右肩方向，對佛壇背面的〈白衣觀音圖〉頂禮膜拜，此壁畫繪於朝鮮後期，觀音半跏趺坐，身著白袍，白色長巾自頭頂披下，衣褶線條，飄逸飛揚。觀音面容方圓，嘴上蓄有髭鬚，呈現大丈夫相，與明清時期的觀音像多為女相不同。

於主殿佛壇背壁懸塑或彩繪觀音像，是漢地佛寺的傳統營造法式，因觀音像坐南面北，與大殿坐向相背，所以也稱「背坐觀音」或「倒坐觀音」，如河北正定縣隆興寺摩尼殿懸塑的倒坐觀音，因造像優美傳神，被魯迅譽為「東方美神」，這種背壁懸塑觀音像的營造法式，

大光寶殿是華嚴蓮華藏世界的象徵，為朝鮮後期歇山式、多包柱建築樣式。殿前的五層石塔，為融合藏式特色的石塔，是韓國石塔中罕見的樣式。（陳明華攝）

也影響到朝鮮半島，目前約遺有十三處，都是彩繪於壁面的觀音圖。

融合藏傳佛塔樣式的五層石塔

寶物麻谷寺五層石塔立於大光寶殿前，是高麗時期遺物。韓國石塔樣式在統一新羅時期已發展成熟；高麗時期以後，逐漸發展出具有區域性特色的石塔。此石塔頗為獨特，在第二層塔身四面刻四方佛，分為東面阿閦佛、西面阿彌陀佛、南面寶相佛，以及北面微妙聲佛，加上塔中心的毘盧遮那佛，形成所謂華嚴密教五佛曼荼羅。塔相輪部分，為青銅材質的覆鉢式塔，這是在高麗末期「麗元交涉期」[1]，與元朝頻繁的交流中，受到喇嘛教佛塔影響，融合藏式特色的石塔，為韓國石塔中罕見的樣式。此塔曾在壬辰倭亂時倒塌，塔內入藏文物下落不明，一九七二年再整修，才讓這座千年歷史的石塔，重現英姿綽約的風貌。

金九與麻谷寺白凡堂

白凡堂曾經是近代韓國開國元勳金九（一八七六～一九四九年）的避難隱身處。一八九五年，朝鮮高宗王妃明成皇后被日本浪人所弒，舉國哀痛。金九為國母復仇，憤而刺殺日本人，卻不幸被捕，在仁川入獄。後脫逃而出，為掩人耳目，於一八九八年在麻谷寺出家，法名為圓宗，從此結下佛緣。祖國光復

白凡堂曾是近代韓國開國元勳金九隱身之處。（陳明華攝）

以後，於一九四六年金九回到麻谷寺，看到大光寶殿柱聯所題：「卻來觀世間，猶如夢中事。」感慨萬千，於是在殿旁栽植一棵香柏樹紀念。

進入白凡堂內，內懸有西山大師（一五二〇～一六〇四年）詩作：「踏雪野中去，不須胡亂行，今日我行跡，遂作後人程。」此詩也是金九生前的座右銘，西山大師即朝鮮高僧清虛休靜，壬辰倭亂時組織義勇僧兵，反抗倭兵，因戰功彪炳受到全國上下敬佩，也改變了朝廷和儒士對僧人的鄙視和偏見。金九捍衛國家民族的意志，當是受到西山大師的啟發，兩人先後都成為歷史上的英雄人物。

丹青畫僧輩出

自古以來，麻谷寺便以丹青佛畫聞名，輩出許多優秀畫僧及畫師，不但留下不少傑出的佛畫，今日大光寶殿、靈山殿的彩繪也都較其他佛寺質優。在過去，佛寺丹青和佛堂的莊嚴都是由畫藝嫻熟的僧人為首（稱首畫僧），組成畫師班底繪製。傳承的方式是拜師後，先從基礎的建築丹青入門，熟練後再習佛畫。但近來，丹青和佛畫各自獨立，習藝已沒有先後階段的分別。

十九世紀末以來，韓國的畫僧組織，主要有活動於金剛山一帶的石翁喆侑（一八五一～一九一七年）、古山竺衍（不詳），以及由錦湖若效（一八四六～一九二八年）所帶領的麻谷寺畫脈。錦湖若效帶領其弟子普應文性（一八六七～一九五四年）、正淵湖隱（一八八二～一九五四年），以及徒孫金蓉日燮（一九〇〇～一九七五年）、會應尚均（一九一五～一九八六年）等，以麻谷寺為據點，應各地佛寺邀請，施作丹青，被稱為「南方畫所」。錦湖若效繼承傳統，功力深厚；普應文性則將西方明暗立體的技法表現於佛畫，技法高超。錦湖若效畫脈延續至今，曾是重要無形文化財丹青匠保有者——松廣寺著名畫僧石鼎（一九二四～二〇一六年），就是來自麻谷寺錦湖若效的這支畫脈。

1
一二七〇年，高麗向元朝稱臣之後，都城從江華島再遷回開京，高麗國王娶元朝公主為妻，世子滯留元大都為人質，史稱「麗元交涉期」。受到元皇室崇尚喇嘛教影響，高麗國王從喇嘛僧受菩薩戒，登基時行灌頂，亦有高麗人入元出家為喇嘛僧。

交通資訊

- 從首爾或其他城市搭乘高速巴士到公州客運總站下車，站前換乘往麻谷寺的770號公車。

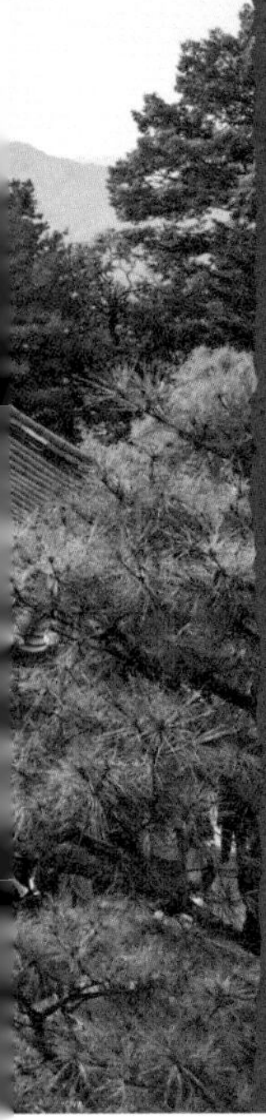

Chapter 1
06

新羅義湘大師傳教足跡

太白山浮石寺

浮石寺為著名的「華嚴十剎」之一，由韓國華嚴宗開宗祖師義湘所創建，秉持「華嚴一乘」理念，廣納百川，無論是主尊安置阿彌陀如來像，或呈現極樂世界九品曼荼羅的建築布局，都蘊含著精深廣大的華嚴義學境界。

浮石寺位於慶尚北道榮州市，是曹溪宗第十六教區末寺，也是列入世界文化遺產的佛寺。初建於新羅文武王十六年（六七六年），為義湘大師（六二五～七〇二年）奉王命興建的「華嚴十剎」[1]之一。

「華嚴十剎」是指義湘依華嚴義學宗旨興建的十座寺院，但這些佛寺應是隨著華嚴教法的傳布，由其門下嫡孫陸續興建，並非都由義湘一手開創。不過，浮石寺與義湘的因緣特別，開山後義湘在此講授華嚴妙法，創立浮石宗，並被尊為「浮石尊者」，因而新羅華嚴宗又稱浮石宗，可知浮石寺與義湘關係深厚，地位特殊。至今，寺中仍可尋覓義湘大師傳教的足跡以及各種傳說。

以「華嚴一乘」理念創建的彌陀道場

義湘是新羅鷄林府金韓信之子，十九歲於慶州皇福寺出家。出家後，義湘與元曉（六一七～六八六年）相約入唐求法。六五〇年，兩人由陸路出發，途經遼東高句麗要地，被誤為是間諜，受阻而無法成行。十一年後，六六一年時改以海路前往，途中夜宿荒山墳地，黑夜中元曉口渴，誤飲骸骨屍水，不覺有異。天亮後，方知前夜所喝為屍水，豁然覺悟，泉水與屍水並無區別，宇宙萬物和現象，乃一切唯心所造，遂折返新羅，獨學自修。義湘則經由黨項城（今京畿道華城市），渡海赴唐，入終南山，拜華嚴二祖智儼（六〇二～六六八年）為師，潛修精進，六七〇年返回新羅，致力弘法，成為華嚴宗的開宗祖師。

雖然新羅晚期因中國華嚴宗正式的傳入，發展出不同的派流，但從義湘初傳華嚴時，收授門徒、廣建佛寺和弘法的方式，可知義湘所傳華嚴思想，相較於唐代華嚴宗的鑽研義學，更重視面向大眾的教化和修行。這從義湘在襄陽洛山海邊洞窟內，親見觀音真身，建立洛山道場的傳說，或是創立浮石寺，安奉阿彌陀佛像，弘揚彌陀往生念佛的種種事蹟來看，可知義湘是以「華嚴一乘」理念為中心，如華嚴教海廣納百川般，網羅當時新羅盛行的觀音和阿彌陀佛信仰。浮石寺做為華嚴宗佛剎，法堂雖不立毘盧遮那佛，而以阿彌陀如來佛為主尊，但確是依「華嚴一乘」深旨為中心而創建的彌陀道場[2]，並不離華嚴宗宗旨。

象徵往生極樂的九品淨土伽藍

浮石寺為山地型伽藍構造，在高低不一的地形上，將各建築物造於平穩的石台（石壇）上，並以石階連結做為通道。使用大小不一石塊砌成的石台，看似「非整齊性」，卻是「無技巧的技巧」，非常純樸自然。由於立地絕佳，經由周邊太白山景致的襯托，更顯現出山寺的清幽恬靜，安養樓可說是寺中最佳的觀景台。

然而浮石寺不僅是一座景色優美的佛寺，伽藍處處更深含佛教的義理，建築布局如極樂世界的九品曼荼羅：即從回轉門至梵鐘樓前是下品三生；梵鐘樓至安養樓是中品三生；安養樓至無量壽殿是上品三生，這樣的設計象徵著西方淨土的九品蓮花世界。

朝山者自回轉門進入後，依著下品三生、中品三生、上品三生順序的動線，最後才進入無量壽殿的西方極樂世界。奇妙的是，不知是有心安排還是無意，從遠處眺望，安養樓和無量壽殿兩者渾然融成一體建築。

安養樓為欣賞太白山景致的最佳景觀台。（陳明華攝）

珍貴的高麗時代木構建築

浮石寺目前保存石燈、無量壽殿、無量壽殿阿彌陀如來塑像、祖師堂、祖師堂壁畫等五件國寶，以及包括三層石塔、高麗木雕經版等五件寶物級文物。其中，大殿無量壽殿和祖師殿為碩果僅存的高麗晚期木構建築，為研究佛教建築歷史的珍貴材料。

無量壽殿是否為初創時所建，仍眾說紛云。一九一六年解體修繕時，發現墨書記載一三五八年因火災燒毀，於高麗禑王二年（一三七六年）重建。此殿是韓國傳統建築的代表作，其建築之美，歸功於精密的營造工法，例如面闊五間和進深三間長寬的比例，非常接近一比一點六一八的黃金

無量壽殿前的石燈為國寶級文物。（Shutterstock／達志影像提供）

比例，支撐屋頂的立柱為「卷殺」工法，柱子形狀為上下窄、中間寬，視覺上可分散屋頂沉重的壓迫感，因此整體呈現均衡穩重的美感。又柱頭斗栱為柱心包，結構精巧，以及屋檐伸展而出的圓弧形線條，柔和優美，被公認是當時建築美學的創舉。

年代最早最大的阿彌陀如來坐像

無量壽殿建築坐北朝南，內部佛壇設在西邊，主尊阿彌陀如來像坐西朝東，法相莊嚴。佛像高二點七五公尺，著偏袒右肩法衣，兩肩寬闊，體形魁梧，具體量感，背屏極其華麗少見。所持手印特殊，左手掌心向上置於左膝上，右手持釋迦如來常見的降魔觸地印，與阿彌陀如來像常見的說法印或接引印不同，因造像樣式和慶州石窟庵的主尊像頗為雷同，而受到關注。

無量壽殿阿彌陀如來塑像為韓國現存年代最早最大的泥塑坐像，被指定為國寶，過去被推定造於高麗初期，但從造像風格與持觸地印的特徵，以及近來進行內層掃描探測，發現頸、手臂等處有修補痕跡，年代或許更早，可能是依七世紀末初創期時的主尊像原作而作，或是沿用初創期原作，於後代加以修復而成。

祖師堂永不凋謝的禪扉花

祖師堂建於高麗禑王三年

（一三七七年），懸山式屋頂，外觀相當簡潔，十五世紀末朝鮮成宗時期曾加以修繕。殿內中央供奉開山祖師義湘塑像，中門左、右兩側壁面間繪有帝釋天、梵天和四天王等高麗時期壁畫（原作現典藏浮石

上／無量壽殿為高麗晚期木構建築，呈現均衡穩重的美感，為研究佛教建築歷史的珍貴材料。（陳明華攝）

下／祖師堂建築為懸山式屋頂，殿內供奉開山祖師義湘塑像，屋檐前鐵柵欄內植有禪扉花。（陳明華攝）

寺聖寶博物館）。

屋簷前鐵柵欄內植有骨擔草（又稱禪扉花，意為禪房窗前之花），傳說是義湘得道將入西域天竺，植杖於所居寮門前檐內，曰：「吾去後，此杖必生枝葉，此樹不枯死，則可知吾不死也。」因而，義湘圓寂後，寺僧於其所居寮舍內，安置塑像，義湘所植木杖也生出枝葉，常年開花。

善妙閣、善妙井與浮石

在無量壽殿後方可見善妙閣、善妙井，和刻有「浮石」兩字的巨石，這些建物與浮石寺的創寺緣起傳說有關，主角人物是來自中國名叫「善妙」的女子。傳義湘入唐時於登州上陸，借宿檀信家中，主人女兒善妙愛慕義湘，欲託付終身。義湘以佛法感化，善妙遂捨下男女私情，發願護持。

義湘學成後，再前往檀信家告別，善妙聽聞後來到海邊欲見一面，然而義湘乘坐的船隻已離岸，於是善妙奮不顧身跳入大海，瞬間變成巨龍，一路相隨，護送義湘回國。回到新羅後，義湘為尋覓靈地，遍遊山川，最後來到鳳凰山（即太白山），山中住著五百名外道盜賊，抗拒義湘的弘法。為了護法，善妙施展神力，以巨石懸浮於半空之中，賊眾驚嚇不已，抱頭四處竄逃，義湘也得以在此福善之地，大興華嚴之風，浮石寺寺名也因此而來。

1

關於「華嚴十剎」佛寺，新羅崔致遠撰《唐大薦福寺故寺主翻經大德法藏和尚傳》所述為：中嶽公山美理寺、南嶽智異山華嚴寺、北嶽浮石寺、康州伽耶山海印寺及普光寺、熊州普願寺、雞龍山岬寺、金井山梵魚寺、琵瑟山玉泉寺、母山國神寺、漢州負兒山青潭寺。不過，高麗一然作《三國遺事》卷四義湘傳教則記載為：太伯山浮石寺、原州毘摩羅寺、伽耶山海印寺、毘瑟山玉泉寺、金井山梵魚寺、南嶽智異山華嚴寺等六處。也有一說，「十」所代表的是滿數的涵義，並不一定是指十個佛寺。

2

義湘所創浮石寺，為何立阿彌陀佛像的緣由，從十一世紀初所立〈浮石寺圓融國師碑〉，或可探知。碑文書：「是寺者（浮石寺），義湘師……所創也。像殿內唯造阿彌陀佛像，無補處，亦不立影塔。弟子問之，相師曰師智儼云，一乘阿彌陀，無入涅槃，以十方淨土為體，無生滅相，故《華嚴經．入法界品》云，或見阿彌陀觀世音菩薩灌頂授記者，充滿諸法界。補處補闕也，佛不涅槃，無有闕時，故□□補處，不立影塔，此一乘深旨也。」

交通資訊

- 從首爾清涼里火車站搭乘火車到豐基站或榮州站下，豐基站前有往浮石寺公車；若在榮州站下，需到榮州市郊客運站換乘。
- 搭乘高速巴士到榮州市郊客運站下車，轉乘前往浮石寺公車。

Chapter 1
07

茶禪一味
飄仙境

太古叢林仙巖寺

仙巖寺與高麗天台宗有淵源長久關係，寺中樓閣、石橋、溪水，彷彿呈現「神僧聖寺」的故事，得天獨厚自然美景，古色古香的六朝古寺伽藍，讓人流連忘返。

水流元去海，月落不離天。
欲識真歸處，秋風霽月邊。
——霜月璽銙入寂時偈詩

仙巖寺是韓國佛教「太古宗」[1]唯一的大叢林，位於全羅南道順天市，離松廣寺不遠，兩座佛寺都是著名的千年古剎，前往時可安排一道參訪。到達仙巖寺入口時，著名的昇仙橋和降仙樓映入眼簾，從前是經由昇仙橋進入寺內，站在圓弧形石橋上，溪水聲潺潺，映照降仙樓水中倒影，迎來的是一幅人們所憧憬的仙境。

通常佛寺都是過了一柱門以後，才見樓閣，但仙巖寺的降仙樓矗立於一柱門之前，加上石橋（昇仙橋），毫無違和感地顯現出佛道相融的思想。特別是，仙巖寺是與天台宗有特殊淵源的佛寺，這樣造景的手法，令人想起《高僧傳》卷十一所述，東晉僧人竺曇猷在始豐（今浙江省台州市天台縣）赤城山習禪，度過天台石橋、見到聖寺神僧的故事。

經由昇仙橋進入仙巖寺，站在石拱橋上，溪水映照降仙樓水中倒影，宛如仙境。（Shutterstock／達志影像提供）

高麗海東天台宗祖庭仙巖寺

仙巖寺的興建，歷經三位重要人物。最初傳於百濟聖王五年（五二七年），為阿度和尚所建，稱為「清涼山海川寺」。八六一年，開山祖師道詵國師（八二七～八九八年）二創伽藍，現寺中覺皇殿鐵佛、大雄殿前二塔，以及東浮屠、北浮屠、大覺庵浮屠三座浮屠，傳都與道詵的山川裨補思想[2]有關。

高麗中期，仙巖寺由大覺國師義天（一〇五五～一一〇一年）三創，建成規模宏偉的佛寺。義天為文宗四子，幼年剃度出家，聰明穎慧，精通諸經論。北宋元豐八年（一〇八五年）渡海至杭州，向淨源等僧人請益。返回高麗以後，駐錫興王寺，尊天台智顗大師為宗祖，創立海東天台宗，倡導教觀兼修，開啟大法筵，成為弘揚天台教學的大寺院，並編纂《新編諸宗教藏總錄》，刊印經書。

義天遍遊山川，唯獨鍾情仙巖寺，以其風光旖旎，媲美中國曹溪山，遂將清涼山改名為曹溪山。常住大覺庵，大舉修建伽藍，依毅宗元年（一一四七年）作《曹溪山仙巖寺大覺國師重創建圖記》中，可知修建佛堂十三棟、殿閣十二棟、寮舍二十六間，山中佛庵十九處。因這段殊勝的因緣，仙巖寺珍藏大覺國師錦襴袈裟、金銅香爐等遺物，每年逢國師誕辰日（農曆九月二十八日），奉行茶禮，追念國師的豐功懿德。

典型的山地型伽藍

朝鮮時代以後，仙巖寺似乎陷入困境，前期僅遺有重修一柱門的紀錄。宣祖三十年（一五九七年）「丁酉再亂」發生，仙巖寺無法倖免，除了鐵佛、寶塔、三座浮屠、文殊殿、曹溪門以外，全部燒毀。歷經六十餘年，無力復原舊貌，直至顯宗元年（一六六〇年），經由敬俊、敬岑、文正等人的奔波，才逐漸重建。

仙巖寺是典型的「山地型伽藍」，建築順著地勢而建，以石梯銜接高低處；將起伏不平的地形削平，築建平台和建物，並修矮牆小路，做為進入各區通道。這種建築型態是依各階段需求擴建，歷經漫長歲月累積形成，特徵是呈現多重軸線交錯，以主軸線和副軸線，貫穿連接每個佛殿。

伽藍以大雄殿、圓通閣、應真堂、覺皇殿為中心構成四個區域，除此以外，還有次建築的副軸線與四主區相連，維繫著獨立又相互呼應的關係。寺內池多、石井多、花多，環境清幽，有如置身於純樸的鄉間。

又仙巖寺因屢受山火波及，為求風水吉利，英祖三十七年（一七六一年），霜月璽葑法師（一六八六～一七六七年）曾將寺名改回稱「清涼山海川寺」，在禪堂寮舍的建築上，也可發現鑿書「海」、「水」等字，寓意免去祝融之災。

仙巖寺因屢受山火波及，為求風水吉利，在禪堂寮舍的建築上可發現鑿書「海」、「水」等字，寓意免去祝融之災。（陳明華攝）

大雄殿與東、西二塔

高麗時期的大雄殿為雙檐大法堂，原是道詵國師所建彌勒殿（見《重創建圖記》），惜在丁酉再亂時焚毀，朝鮮顯宗元年（一六五九年）後重建，現為單檐歇山式建築。殿內佛壇上安置釋迦如來佛尊像，像後懸掛一七六五年繪〈靈山會上圖〉，畫作長逾五公尺，殿內這樣長的佛畫也是少見。仙嚴寺藏有不少佛畫佳作，如一七〇二年作〈佛祖殿五十三佛幀〉、一七三六年作〈西浮屠殿甘露幀〉、一七八〇年作〈八相殿華嚴幀〉、一八四九年作〈大雄殿三藏幀〉、一七五三年作〈世尊掛佛幀〉等。

大雄殿前方東、西各立一座石塔，推測為九世紀末所造，一般來說，信奉天台法華宗的佛寺，主殿前多採二塔式配置，此二塔應於同時期所建，塔為三層，底座方形，塔身線條簡潔輕快。

古風悠悠的覺皇殿與鐵佛

覺皇殿重建於朝鮮純祖元年

（一八〇一年），殿原安奉丈六金身像，又稱丈六殿，現奉一尊鐵佛。雖在寺內最為隱蔽的角落，且僅為面闊、進深各一間，卻是寺中最有歷史淵源的古建築，須事先得到允許，才能進去參觀。

八六一年，道詵國師興建此殿並鑄造鐵佛，可說是仙巖寺最初的大殿。傳說國師造成鐵佛後，埋入無憂殿後面金堂地下，用以裨補仙巖寺北邊地形氣脈虛弱的缺點。日本強占時期，鐵佛像曾用韓紙與石膏加以修補，現以金箔裝身，從外觀不易看出鐵鑄佛像的質感。法相容貌與體型，和新羅末高麗初時所造，國寶長興寶林寺毘盧遮那鐵佛風格相似。

大雄殿現為單檐歇山式建築，前方東、西各立一座石塔。（Shutterstock／達志影像提供）

● 小而美的圓通殿

圓通殿是讓人久久流連徘徊，不忍離去的地方。殿始建於一六六〇年，一六九八年護岩法師百日勇猛精進，親見觀音後，發心重修殿宇，迎奉觀音菩薩像，一八二四年再次修建，並重塑觀音像。

殿內佛壇以立柱區分內外槽空間，方形內槽做為佛壇，安奉觀音像，橫樑懸朝鮮純祖下賜「大福田」匾額。這種內外槽的營造手法，目前韓國並不多見[3]。觀音菩

覺皇殿重建於朝鮮純祖元年，現奉一尊鐵佛，是寺中最有歷史淵源的古建築。（陳明華攝）

薩像頭戴寶冠，繒帶飛揚，華麗耀眼，但自兩肩垂下的法衣紋飾，簡單流暢，與如來佛著衣相同，而非菩薩裝衣飾，可看出朝鮮後期觀音菩薩像著裝風格的變化。

除此之外，圓通殿窗櫺格扇所雕花紋與動物，質樸自然巧拙生動，是值得細細品味、小而美的佛殿。

號稱「湖南第一禪院」

仙巖寺禪院，以應真堂為主殿，配有彌陀殿、真影堂、達摩殿和山神閣。朝鮮後期仙巖寺的盛世禪風，從入口門匾額所書「湖南第一禪院」，可見一斑。此時期講經蓬勃發展，多位禪師在此開示，如栢庵性聰（一六三一～一七〇〇年）、霜月璽篈等陞高座，暢演華嚴大法，慕名前來的學人僧侶雲集，因而聲名大噪，成為華嚴義學的中心道場。

或如護巖若休（一六六四～一七三八年），為枕肱懸辯（一六一六～一六八四年）傳鉢弟子，被稱是「釋門英雄」，仿《百

圓通殿內橫樑懸掛朝鮮純祖下賜「大福田」匾額。（陳明華攝）

丈清規》作《護巖清規》，以剛直的禪風和嚴苛的戒律，為仙巖寺樹立獨具一格的禪風。承繼此一法脈，十九世紀以後，輩出涵溟太先（一八二四～一九〇二年）、景鵬益運（一八三六～一九一五年）、擎雲元奇（一八五二～一九三六年）、錦峰基林（一八六九～一九一六年）等高僧。這些禪師的思想，對鄰近的松廣寺，或是大興寺、華嚴寺等，也造成了極大的影響。

種茶歷史悠久的古寺

仙巖寺不僅是修禪的大道場，所栽種的茶葉也極富盛名。在修行的生活中，禪師多靠飲茶來提神，因此品茶也成為僧人日常中不可或缺的一部分。韓國原生茶園的分布，十之八九也都在佛寺所在地區，茶文化的發展與佛寺的關係極為密切。

仙巖寺所在的智異山，土質與氣候非常適合茶葉生長，茶樹栽培的歷史，可追溯到三國時代，《三國史記》載，新羅興德王三年（八二八年）入唐使者大廉帶回茶種，興德王下令種於智異山，智異山因而成為韓國茶種的最初栽培地。智異山中諸如仙巖寺、雙磎寺、華嚴寺等眾多佛寺，也流傳著豐富的茶文化歷史。仙巖寺栽種茶樹由來已久，樹齡中不乏超過六百年的茶樹，所產茶葉色澤清澈，清香撲鼻，細細品味，令人感受到「茶禪一味」的意境。

1 太古宗宗史可追溯至新羅九山禪門之一的迦智山門祖師——道義國師，以及自高麗晚期太古普愚（一三〇一～一三八二年）以來，迄朝鮮清虛休靜、浮休善修、鞭羊彥機等高僧大德所傳禪宗法脈。太古宗的創立，是在一九七〇年推舉朴大輪（一八八四～一九七九年）為宗正以後，進而成為韓國佛教第二大宗團，但在法律上，仙巖寺寺產仍歸曹溪宗宗團所有，太古宗只有使用權。

2 道詵的「裨補思想」主要與山川的風水地理有關，即在地氣旺盛之處興建佛寺或建塔，可護佑國泰民安、國運昌隆。風水不佳之處，也能藉由佛寺、佛像等的安置，改變其缺陷。

3 此營造形式稱為「金箱斗底槽」，見於遼、金、宋建築，如河北正定隆興寺摩尼殿。鄰近仙巖寺的松廣寺觀音殿（又稱聖壽閣），也是這種營造手法。朝鮮時代，仙巖寺與松廣寺觀音殿都得到王室護持，做為祈求國王長壽或追薦先祖冥福的願堂，仙巖寺為苦無後嗣的正祖祈禱，而後正祖喜獲子嗣純祖，純祖登基後，為感恩福報，特親筆下賜「大福田」匾額，懸掛於圓通殿。

交通資訊

- 從首爾可搭乘KTX高鐵、高速巴士等到順天站。在順天市郊客運站轉乘1號公車，前往仙巖寺。

Chapter 1
08

大芚秋意
飄茶香

頭 輪 山 大 興 寺

大興寺位於半島陸地盡頭，地處偏遠的海南郡，自古以來，是三災不入、百病不侵的世外桃源，西山大師駐錫以後，成為護國佛教的禪教大伽藍。後更有茶聖草衣禪師，營造出茶禪文化的聖地，大興寺「茶禪一味」的傳奇，清香四溢，療癒人心。

秋天賞楓，莫過於山寺行。

全羅南道海南郡位於朝鮮半島最南端，在此地有兩座令人難忘的佛寺，即頭輪山大興寺和達摩山美黃寺。韓國人說到「海南」，以是陸地的盡頭來形容，可見地處偏僻，路遠迢迢。自古以來，海南物產豐裕，被譽為是百病不侵、三災不入的世外桃源。大興寺所在的頭輪山，原名為大芚山，故大興寺本稱大芚寺。直至朝鮮後期，西山大師清虛休靜將衣缽移至此以後，法孫興盛，聲名遠播，因而改名為大興寺。

大興寺創立年代，各種史料說法不一，《竹迷記》述為五四四年由阿度和尚初建，後由慈藏和道詵法師重建。若從現寺內最古老遺物——位於應真堂前的三層石塔，所呈現出典型的新羅石塔樣式來推測，佛寺的始建應不晚於統一新羅末期。

禪教大伽藍輩出大師

大興寺是護國佛教的禪教大伽藍，也是朝鮮茶文化的聖地。深厚的文化底蘊，盈溢在古老的建築、蒼勁挺拔的老樹、流淌不息的溪水，置身其中，處處迎來「茶禪一味」的清香。依一八二三年袖龍草衣纂集《大芚寺誌》載，大興寺伽藍配置，以自北流經佛寺中央的金塘川為中心，劃分為南、北院。目前建築，北院遺有大雄寶殿、白雲堂、應真堂山神閣等；南院有千佛殿、龍華堂、奉香閣和洗心堂、寂默堂等，加上大光明殿與表忠祠，實際上有四區。

抵達大興寺一柱門前，可以順道參觀韓國最古老的旅館——遊仙館，這裡也是許多電影外景的拍攝地。進入一柱門後，可見碑石林立的浮屠區，會立這麼多的僧塔，是因為大興寺輩出十三位大宗師及十三位大講師。大宗師中有振興海東華嚴宗的楓潭義諶（一五九二～一六六五年）、精通華嚴義學的月渚道安（一六三八～一七一五年）、參究真理，追求本性根源的霜月璽篈、為後學留下許多論述的蓮潭有一（一七二○～

大興寺一柱門。（陳明華攝）

一七九九年），和以茶入禪的草衣意恂（一七八六～一八六六年）等大德宗師。而十三位大講師全是第十代大宗師虎巖體淨（一六八七～一七四八年）門人，從萬化圓悟開始，到燕海廣悅、靈谷永愚、懶庵勝濟、影波聖奎、雲潭鼎馹、退庵泰瓘、碧潭幸仁、錦洲福慧等，都是精通經、律、論三藏的高僧。

北院主殿大雄寶殿坐北朝南，面闊五間，進深三間，採朝鮮後期多包式斗栱樣式，一六六七年由心粹法師重建。殿內各立柱，以原木形狀呈現，樸實富有拙趣。佛壇上安奉朝鮮後期木造三尊佛，佛像著通肩法衣，雙目微闔，身體前傾，彷佛在聆聽世人的祈求。上壇佛像背屏配置三軸佛畫，為一九〇一年作〈三佛會圖〉，中央畫幅繪釋迦如來佛，左右兩幅分為藥師佛和阿彌陀佛，脇侍人物有六菩薩、十大弟子和四大天王，雖然是由三軸畫組成，但看起來是完整的一幅大畫。

大雄殿供奉朝鮮後期木造三尊佛，像後配置三軸佛畫〈三佛會圖〉。（陳明華攝）

此外，中下壇佛畫是一九〇一年作〈真佛庵三藏菩薩圖〉，和一九一〇年作〈甘露圖〉。

匾額逸聞與千佛傳說

大興寺各殿樓閣匾額，因出自朝鮮後期李匡師（一七〇五～一七七七年）、金正喜（一七八六～一八五六年）等名家之手，極富盛名。如大雄寶殿、千佛殿、應真殿、解脫門、枕溪樓等都是由李匡師所書。關於大雄寶殿匾額，流傳著一段軼聞。一八四〇年，金正喜被貶謫濟州島，渡海前，至大興寺拜訪知友草衣禪師。當他看到大雄寶殿匾額時，批評李匡師的字不入流，過於匠氣，很不屑地說：「應該把這塊匾額拿下！」

不過，當金正喜結束九年的流配生活，北上漢陽之前，再度拜訪大興寺時，卻對李匡師寫的匾額，讚賞不已。人生的巨變和艱辛的異鄉生活，讓他深刻體會出李匡師書法的奧妙之處，而不吝加以稱讚。李匡師書法肉中有骨，形體兼備，龍飛鳳舞，風格獨特。而北院白雪堂所懸金正喜書「無量壽閣」，筆風遒勁，古拙奇絕，亦不愧是朝鮮書聖，海東書法第一人。

駕虛樓是連接南、北院的樓閣，穿過圓弧形樓門，迎面而來的是南院區主殿千佛殿，殿內佛壇中央供奉著木雕三尊佛像，以及象徵千佛的小佛像。這些千佛像流傳著不平凡的來歷，依一八一七年參與這批佛像塑造的楓溪賢正撰《日本飄海錄》，以及梵海覺岸的《千佛造成略記》載：一八一一年，大興寺起大火，燒毀包括千佛殿的八棟建築，兩年後由第十代大講師玩虎尹佑、濟醒等人發心重建。

千佛以慶州佛石山出產的玉石雕刻，完成千尊玉佛後，以船運回大興寺時，在慶尚南道蔚山津不幸遇到風浪，漂流到了日本長崎縣。當地人看到這些佛像非常歡喜，想留下供奉。不料幾日後，千佛託夢給日本人，宣示：「我們要前往海南大興寺，無法留在此地。」一縣民萬般不捨，只好讓船隻出海，石佛終於在一八一八年八月安然抵達大興寺，而後安奉於千佛殿。為紀念這段漂流的異蹟，在佛像的肩臂上留下了「日本」兩字。

韓國茶聖草衣意恂禪師

大光明殿由被譽為茶聖的草衣意恂禪師所建，丹青色彩豔麗，蓮花、卷雲、仙鶴等各種紋飾獨特，據說皆出自才華洋溢的草衣禪師之手。目前做為夏、冬安居，僧人閉關修行的場所。

草衣不但是朝鮮後期的大禪師，也是振興朝鮮茶道的重要人物。大興寺能夠成為朝鮮茶文化聖地，亦是因為草衣禪師的緣故。禪師十六歲於雲興寺出家，在大興寺玟虎法師門下受具足戒，精通佛、道、儒三教諸經義，且能閱讀梵書。四十餘年隱居在一枝庵，精研茶道，以修行是日常生活禪，追求「茶禪一味」的境界。著有《茶神傳》、《東茶頌》、《禪門四辨漫語》、《一枝庵詩稿》等。

北院白雪堂懸掛朝鮮書聖金正喜書「無量壽閣」，筆風遒勁，古拙奇絕，不愧是海東書法第一人。（大興寺提供）

千佛殿的佛像因漂流過日本的經歷，肩上書寫「日本」二字。（陳明華攝）

除了草衣禪師長居的一枝庵以外，大興寺還有北彌勒庵、南彌勒庵、挽日庵、真佛庵等山中佛庵。其中，位於老僧峰下的北彌勒庵，以摩崖佛著名，經常吸引信眾登山參拜。

摩崖佛是指在自然岩壁上鑿刻的佛像，國寶北彌勒庵摩崖如來坐像，主尊如來像持禪定印、降魔觸地印，結跏趺坐於蓮花台座上，額頭微窄，眉間有白毫，頸畫三道。雕刻手法沉穩厚重，為摩崖佛中精品，特別是三重頭光與身光，以及伎樂天人像的表現，為高麗初摩崖佛中僅見的孤例。鄰近摩崖佛像旁有一七五四年建龍華殿，故有此像是未來佛彌勒佛的說法。

愛民愛國的西山大師

大興寺內有一座屬於儒教建築的表忠祠，一七八八年，朝鮮正祖欽賜御筆匾額，於次年建成。祠堂內奉祀壬辰倭亂時，組織八道僧兵，參與抗倭，功勳卓越的清虛休靜，以及其弟子泗溟惟政、處英三人的真影。表忠祠是朝廷為表彰功臣而建，永祀於大興寺，意義非凡，也象徵著大興寺地位的崇高。

休靜是振興朝鮮後期佛教的重要人物，因長居妙香山，又稱西山大師。一五五五至一五九二年間，往來金剛山、妙香山、頭輪山等地修行，播下「儒佛一致」、「禪教兼修」的思想。休靜在其所撰《禪家龜鑑》中說「禪與教」時，以

草衣禪師隱居在一枝庵四十餘年，精研茶道。（陳明華攝）

「教」是佛語、「禪」是佛心來譬喻，佛語是進入佛門之鑰，登入殿堂之後就要靠佛心來修持，此即所謂「禪教不二」。而禪教合一的至極，就是以坐禪明心見性，解脫涅槃。

壬辰倭亂發生時，倡導大乘佛教自利利他思想的休靜，曾說國難當頭，即使是出家人，也無法獨善其身，只顧保全自己。僧科出身的他，率先組織僧兵抵抗，立下汗馬功勞，令人敬佩崇仰，也給原來藐視佛教的朝廷士儒官吏，帶來重新認識佛教的契機，對提高佛教的地

國寶北彌勒庵摩崖如來坐像。（陳俊吉攝）

位功勞甚大。

西山大師示寂時，曾謂大興寺是：「三災不入之處，萬年不破之地，宗統所歸之處。」在他心中已將大興寺視為是代代相傳衣缽之處，其法脈後由浮休善修（一五四三～一六一五年）、鞭羊彥機（一五八一～一六四四年）等門徒承繼弘揚，主導了朝鮮後期佛教的發展，並延續形成今日韓國佛教以參禪為中心的特色，影響可謂甚為深遠。

交通資訊

- 從首爾搭乘火車前往光州，在光州客運總站（광주종합터미널）搭乘客運往海南郡，於海南客運站（해남버스터미널）再轉乘公車前往大興寺。
- 從首爾或其他城市搭乘前往海南郡的高速巴士，在海南客運站轉乘往大興寺公車。

Chapter 1
09

新羅人嚮往的佛國淨土

吐含山佛國寺

慶州佛國寺是韓國佛教建築的巔峰之作，為了解韓國古代佛教藝術的首選之地，七〇年代經由對佛國寺的整頓和重建，讓慶州躍升為千年古都的觀光旅遊區，佛國寺也成為韓國知名度最高的佛寺，是值得參訪，不能錯過的「人生佛寺」。

東海東山有住寺，
華嚴佛國為名號。
主人宗袞親修置，
標題四語有深義。
華嚴寓目瞻蓮藏，
佛國馳心係安養。
欲使魔山平毒嶂，
終令苦海無驚浪。

——崔致遠撰，〈華嚴佛國寺阿彌陀佛畫像讚〉

佛國寺位於慶尚北道慶州市，是韓國知名度最高、最為大眾所熟知的佛寺。大多數的韓國人在求學期間，因參加學校的修學旅行，大多去過慶州、佛國寺。因此，在佛國寺內經常可見成群結隊的學生，這也是在其他佛寺少見的景象。

慶州是朝鮮半島古代國家新羅（西元前五七～西元九三五年）擊敗百濟、高句麗以後所建立的都城，做為初期統治國家的首都，自古以來便乘載著正統的地位與文化，並發展成韓國的主流傳統文化。新羅人崇尚佛法，以佛教護國，建有許多規模宏偉的佛寺，佛國寺可說是佛教達最盛時期的傑作，代表著燦爛輝煌的佛教文化。故有此說，要認識韓國文化，首先去慶州；要了解韓國佛教，佛國寺是最佳選擇。套句最近流行的話，佛國寺是「人生的佛寺」，一生當中錯過會遺憾的佛寺。

興建、近代重建、文化觀光活化

佛國寺最初在新羅王神文王（六八一～六九二年在位）時期，其實僅有大雄殿和無說殿，將佛國寺興建為大伽藍的推手，為景德王在位時出身真骨貴族階級的金大城（七〇〇～七七四年）[1]。七五〇年，金大城求法若渴，辭去中侍職，次年開始建造佛國寺，此時正是國家最為安定富強的時期，金大城動用無數人和物力資源，打造新羅人的佛國淨土，可惜耗費二十四年歲月，未能見到完工，便離開人世。金大城死後，王室接手繼續築造，在八世紀末終於完成兩千多間、六十餘棟規模宏偉的建築。

佛國寺建成後至朝鮮中期，共有九次重修紀錄，然不幸於壬辰倭亂戰火中，付之一炬。受到重創的佛國寺，雖在朝鮮後期修繕，卻難起死回生，恢復舊容。從《朝鮮古蹟圖譜》所收錄的照片來看，一九〇〇年代初的佛國寺，真是滿身瘡痍，形同廢墟。

一九七〇年代政府和民間攜手修復，一九七三年復原了主要的建築，並在一九九五年登錄為世界文化遺產。佛國寺的復原，帶動千年古都慶州觀光產業的活化，一躍為著名的古都文化旅遊地。

劃分佛國與俗世空間的大石築台

佛國寺所在的吐含山，為新羅五嶽之一，背面環抱東海，守護慶州東邊，自古以來為慶州對外天然屏障，也是新羅人心中守護國土的靈山、嚮往彼岸的世界。進入天王門後，首先映入眼簾的，是韓國佛寺少見，以自然石堆砌的高台和石橋階梯，莊嚴宏偉，古色純樸。雖是石材建物，但觀察各細部結構，可見受到木構建築的影響，如石橋虹門的築造工法，符合力學原理，防震又美觀。為築造此高台，耗費三十餘年，於韓國的古建築中亦是空前絕後。

佛國寺將此石台做為須彌座象徵，劃分出佛國與俗世的空間，引導新羅人通過石台，朝向佛陀所在的聖域，進入心中所憧憬的三個佛國世界[2]。

佛國之一：釋迦如來佛的娑婆世界

從石築台東邊的青雲橋和白雲橋，拾級而上三十三個階梯，通過紫霞門（不二門），沿著東西迴廊向前移動，迎來第一個佛國淨土——依《法華經》經說所築構，象徵現世的釋迦如來娑婆世界。在三個佛國土中，這一區的面積最為寬廣，建築有大雄殿、釋迦塔、多寶塔和無說殿。大雄殿內供奉釋迦如來坐像，兩側為彌勒菩薩、提和竭羅菩薩，以及迦葉與阿難兩大弟子脇侍，像後配置〈靈山會上圖〉、〈二天王幀〉，演出佛在靈鷲山說法的景象。殿內的大象、猴子等動物雕刻，以及壁面丹青相當精彩。

釋迦塔

國寶釋迦塔與多寶塔二塔雙雙佇立於大殿前庭，釋迦塔是釋迦如來常住說法之處，多寶塔是多寶如來常住證明塔，每逢釋迦如來說法時，多寶如來必為其真實義做證明，因此將兩塔並列立於大雄殿前。釋迦塔又名無影塔，為統一新羅時期典型的三層石塔樣式，塔身線條簡約流暢，顯現穩重安定的美感。一九六六年修復釋迦塔時，從第二層塔身中出土舍利函，函內瘞藏一卷《無垢淨光大陀羅尼經》，被認為是迄今發現最早的木雕印本經卷。

多寶塔

相較於釋迦塔的簡潔，多寶塔雕琢繁複，似有塔層，又似無層。方

從石築台東邊的青雲橋和白雲橋拾級而上，即是紫霞門。（陳明華攝）

形的塔基座上，四方原各有獅子座，現只剩一座。基座上第一層塔身立四柱，柱上為十字形斗栱，內層中心柱向上延伸，上覆四角塔檐。往上二、三層塔身如木造樓閣形狀，外圍欄楯環繞，以八角塔檐、八竹形立柱以及蓮花等雕飾，獨特的樣式，或說是象徵佛教的四聖諦、八正道，乃至覺悟（蓮花）的境地。

● 無說殿

法堂無說殿是佛國寺最早築造的佛殿，依一七四〇年東隱撰《佛國寺古今創記》載，建於新羅文武王十年（六七〇年），義湘弟子神琳、表訓於此處講述《華嚴經》。「無說」殿名，來自《維摩詰所說經》中，文殊菩薩與維摩詰居士對論入不二法門，代表智慧的文殊菩薩云：「於一切法，無言無說，無示無識，離諸問答，是為入不二法門。」而維摩詰居士則「默然無言」以對，其「一默如雷」的震撼和說服力，讓文殊菩薩大為讚歎，曰：「善哉！善哉！乃至無有文字語言，是真入不二法門。」無說殿無疑是參悟「一默如雷」境界的所在。

佛國之二：阿彌陀佛的極樂世界

第二個佛國淨土，是《無量壽經》中所述阿彌陀佛的極樂世界，由築台西側登上七寶橋和蓮花橋，經安養門進入極樂殿。七寶橋、蓮花橋前面原有九品蓮花池，可惜已

上／大雄殿前庭的釋迦塔（右）與多寶塔（左），均是國寶。（Shutterstock／達志影像提供）
下／法堂無說殿是佛國寺最早築造的佛殿，象徵「一默如雷」境界所在。（陳明華攝）

泯沒。
極樂殿修建於一七五〇年，建築保留了新羅時期所遺下的石造基台，殿內金銅阿彌陀佛坐像，高貴典雅，展現出新羅高超的造像技術。殿前庭有二〇〇七年造一頭金銅福氣豬，遊客到此，總要撫摸一番，祈求好運。

極樂殿前的金銅福氣豬，常被遊客撫摸以祈求好運。（陳明華攝）

佛國寺內其實有兩隻木雕豬，一隻藏在極樂殿區額內側，另一隻攀附在大雄殿內樑上，遊客特別愛去找躲在極樂殿隱密處的金豬，常冷落了大雄殿小豬的存在。在佛教的莊嚴動物中，較少採用豬，木匠為何有此巧思？有說是豬在五行中屬水，用來剋火蛇，有鎮火作用；或說是象徵朝鮮後期百姓渴望豐衣足食的心願。

佛國之三：毘盧遮那佛蓮華藏世界

第三個佛國淨土，是位於無說殿後方的毘盧殿、觀音殿，此區體現《華嚴經》中毘盧遮那佛的蓮華藏世界，也是統攝貫通法華、彌陀、觀音等思想，圓融無二相的大華嚴佛國淨土。

毘盧殿內供奉象徵法身佛的金銅毘盧遮那佛坐像，佛像左拳握著右手食指，與一般毘盧遮那佛所持智拳印，以右拳握左手指，恰為相反，頗為特別。佛國寺的金銅毘盧遮那佛坐像和金銅阿彌陀佛坐像，加上栢栗寺藥師如來立像都列為國寶，被譽為是新羅三大金銅像。

觀音殿位於寺中最高處，是可以俯瞰全寺景觀的最佳位置。將觀音菩薩奉於最高處，代表觀音菩薩與佛同等崇高的地位，亦說明《華嚴經．入法界品》中，觀音為善財童子講述的「大悲行解脫法門」，備受崇仰。

佛國寺可說是統治階層與王室

精心打造的國家級寺院，氣勢恢宏，尊貴不凡，佛寺的空間規畫、建築物等，都在傳達佛法的真義，刻畫出對莊嚴佛國土的無限憧憬。而對於至誠發心成佛的新羅百姓來說，則無一處不是淨土，無一處不是佛國，看慶州南山滿山鑿刻的佛像就能明白。

佛國寺一遊後，下一站就是處處皆佛國土的南山了。

毘盧殿內供奉金銅毘盧遮那佛坐像，是新羅三大金銅像。（Shutterstock／達志影像提供）

1 《三國遺事》卷五〈大城孝二世父母〉載，金大城前生生於貧困之家，因布施福德之因，死後投胎轉生成為宰相金文亮的兒子。成長後，好狩獵，一次在吐含山捕獲一熊，是晚夢見熊變為鬼，欲吞噬之，醒後悚然心驚，誓不再殺生。從此篤信佛法，為今生父母建佛國寺，為前生父母建石窟庵。

2 為維護文物，目前已封閉從石階梯進入寺內的動線，建議從東側最高點的觀音殿進入，參訪各殿後，由西側極樂殿出。

交通資訊

- 從首爾或其他城市搭乘KTX高鐵、高速巴士等到達慶州市。
- 慶州市內有10、11路等公車，前往佛國寺。

Chapter 1

10

無處不是佛陀的淨土

南山摩崖佛

南山被譽為是露天的佛教遺蹟博物館，也是韓國最具代表性的摩崖佛分布區域，群山峻嶺中的摩崖佛、石塔、佛寺，渾然天成，融合成「山是佛，佛是山」，訴說人們一心欲見佛的真心。

南山位於慶尚北道慶州市南邊，山域範圍一般指從北邊金鰲峰（海拔四六八公尺）綿延至南邊高位峰（海拔四九四公尺），於這兩山峰之間所分布近四十餘處的山澗峽谷。區域內石壁崇高、昂藏隱天、青松翠柏、溪水川流，石塔、雕像、佛寺散落各處，被譽為是沒有圍籬，露天的佛教遺蹟博物館，也是文物最為密集的國立公園，因此慶州人常引以為傲地說：「不到南山，千萬別說你去過慶州。」

奉為聖地的南山佛教遺蹟

自古以來，南山是孕育新羅神話的發祥地、傳說中的聖山，位於南山西側的蘿井，是新羅始祖朴赫居世從蛋中破殼而出的出生地；真德女王在位時期（六四七～六五四年），南山是備受崇仰的四靈地之一，遇有國家大事，國王與大臣會於南山商議，則事必成。法興王十五年（五二八年），新羅認可佛教後，南山成為佛教的靈山，《三國遺事》載，三國晚期南山一帶，「寺寺星張，塔塔雁行」，山中佛寺、塔像林立，不分晝夜，法音繚繞山谷，盪漾迴旋。

南山佛教造像的開鑿時期，約從七世紀延續至十世紀間，依國立慶州文化財研究所調查報告，約遺有一百五十處寺址、一百二十尊佛像、九十六座石塔、二十二座石燈、八個浮屠，以及其他七十三個石造物。遺蹟分布於東南山和西南山，東南山佛蹟見於王井谷、塔谷、寺谷、佛谷、彌勒谷、國師谷、僧燒谷、烽火谷等處；西南山佛蹟見於天龍谷、茸長谷、琵琶谷、藥水谷、三陵谷、潤乙谷、禪房谷等處，由於西南山地勢較為平坦，所遺文物多於東南山。

屬於七世紀時期鑿建的，如禪房寺址、佛谷龕室摩崖佛坐像、塔谷摩崖佛群像、烽火谷七佛庵摩崖佛；八至九世紀鑿

慶州南山三陵溪谷所見線刻摩崖六尊佛，造於統一新羅時期。（陳明華攝）

東魏、北齊的風格。之後，摩崖佛便從中部地區往南，擴散至新羅領地的榮州、蔚山、慶州等周邊山地。

高麗時代是摩崖佛鑿造的巔峰期，出現高達十公尺以上的巨大摩崖佛，如坡州龍尾里二尊摩崖佛、禪雲寺兜率庵摩崖佛、安東泥川洞摩崖佛等，此時期佛教濃厚的祈福特徵，助長民間摩崖佛的鑿造，除與彌勒下生信仰有密切關係外，也與地方的傳說相連。造像風格反映出庶民般的樸實敦厚，與貴族階層所崇尚的華麗雅緻，截然不同，這種灑脫不受拘束的表現，延續至朝鮮時代，

百濟時期所鑿刻的瑞山摩崖三尊佛。（Shutterstock／達志影像提供）

在全國各地遺下約兩百多個摩崖佛。

摩崖佛因具有融入山川大海景觀的造像條件和特性，相較於建築物內的佛教造像，更能契合民眾的情感，並將信仰生活融入日常的生活。基本上，韓國山嶽平均海拔落在五、六百公尺左右，而摩崖佛不會離在山的最高峰頂上，多在山峰高度八分以下之處，對於一般人來說，攀爬約一個小時多即可到達，屬於適當的運動量範圍，非常容易親近。

摩崖佛通常前面設有簡單的小佛壇，供民眾參拜，同時為怕露天的佛像，日曬雨

高麗時代是摩崖佛鑿造的巔峰期，出現高達十公尺以上的巨大摩崖佛，如安東泥川洞摩崖佛。（燕尾寺提供）

淋，於石壁上鑿刻引水道，讓雨水從旁流下。也有於佛像頭部上端搭建木構屋檐，或築建佛殿，請入殿內，如唐津靈塔寺琉璃光殿的藥師如來摩崖佛。

摩崖佛造像主要以釋迦如來像為主，但也有在兜率天宮俯瞰塵世眾生的彌勒菩薩像、傾聽眾生心中苦悶的觀世音菩薩；亦有如隱居山中不入涅槃的尊者，或是相貌如泛泛眾生的尊像等。由於花崗岩質地堅硬，深雕不易，故以線刻勾勒出圖形；或是採淺浮雕，表現出外形特徵；或是在大塊岩壁上線刻身體，再安放另雕好的佛頭，雖沒有光彩耀眼的技巧，但都呈現了對佛的崇敬。在人們的心中，摩崖佛與群山峻嶺，已融合成「山是佛，佛是山」的佛國聖域，對佛或山嶽的敬仰之心，已超越外在形象的約制，即使沒有達到三十二相、八十種好的標準，一樣是完美的莊嚴寶相。

只有親自探訪南山的人，才能由衷地讚歎南山的美，感受南山是佛陀的清淨國土。這也是為什麼來慶州，不可錯過南山的原因。雖然上南山不是件難事，但要到達三陵溪上仙庵摩崖佛坐像前，少不了舉前曳踵，汗流浹背。望著峭壁上浮現的佛陀面容，想像千餘年前無數的人冒著生命危險，懸身山中鑿壁，全心全力打造南山這一片淨土時，心中充滿感動，或許，唯一能說明的是人們一心欲見佛，不惜捨身的真心。

對於南山的摩崖佛，也有人這麼

摩崖佛前面通常設有簡單的小佛壇供民眾參拜，也有請入佛殿，如唐津靈塔寺琉璃光殿的藥師如來摩崖佛。（陳明華攝）

說，新羅人不是在石壁上鑿刻出佛陀的臉龐，而是將藏在石頭裡的佛請出來，現出慈容。這句話，讓我想起二〇一一年夏天，在韓國最南端的海南郡達摩山美黃寺，遇見一位坐在山下乘涼的老婦人，與她閒談的一段話。

我問老太太：「您在做什麼？」

她答：「在跟佛講話。」

再問：「佛在哪兒啊？」

她回：「就在面前的達摩山。」

老太太順手指著達摩山上各種形狀的岩石，說：「那不是一尊尊的佛嗎？」原來從她出生以來就住在山下，對達摩山了如指掌，每天與山相依為鄰，山中的每一塊石頭，對她來說都是一尊佛，與佛的交會真是零距離。

1 古時將山喻為人體之骨肉，多土壤之山稱為「肉山」；多岩石之山稱為「骨山」，江原道金剛山、首爾京畿道北漢山、全羅南道靈巖月出山、慶尚北道慶州南山等，皆屬多石之山。金剛山冬季時又稱「皆骨山」，乃因綠樹凋零、岩壁盡露、怪石嶙峋的奇特景觀。

朝山指南

- 探訪南山有好幾條路線，
  一條路線安排一天來回，行程較為充裕。
  初朝山者，建議挑選遺蹟最多的西南山三陵溪谷路線，
  因部分山路陡峭，需事先準備齊全再上山。

韓國最南端的海南郡達摩山美黃寺，奇峰千岩皆是佛。（陳明華攝）

Chapter 2

藝術文化與生活

Chapter 2
01

不見
大肚彌勒佛像？

頭戴冠帽的彌勒佛像

彌勒信仰始於三國時代，從王室尊崇普及至民間，初期為菩薩立像或半跏思惟像，高麗時代出現頭戴冠冕的彌勒佛像，這種罕見的造像與拙樸的風格，成為韓國特有的彌勒造像。

關於彌勒佛形相，最為大眾所熟悉的，應該就是見於漢傳佛寺前殿或天王門內的大肚彌勒佛了。彌勒佛慈顏善目、笑口迎人、親近人間的模樣，長久以來廣受大眾的喜愛。傳此彌勒佛的模樣，與彌勒佛化身——五代梁僧契此和尚的布袋和尚形象有關。然而，在漢地家喻戶曉，袒胸露肚、大腹便便的彌勒佛，並不見於朝鮮半島，反而是出現了頭戴冠帽的彌勒佛立像。

韓國彌勒造像的演變

彌勒（Maitreya），又稱慈氏菩薩，信仰所依主要佛經有竺法護譯《佛說彌勒下生經》、鳩摩羅什譯《佛說彌勒下生成佛經》、沮渠京聲譯《觀彌勒上生經》，以及《彌勒來時經》等，敘述彌勒先於佛陀入滅，往生兜率天內院，是兜率天淨土的教主；同時也將於五十六億七千年後下生，在龍華樹下悟道成佛，是繼釋迦牟尼佛之後的未來佛。故在彌勒造像或經變題材上，也多體現經中所述彌勒上生及下生信仰內容，造像有如來和菩薩兩種形相，常見站立、倚坐、交腳以及半跏思惟像等姿態。

受到中國造像影響，北魏、北齊時期流行的半跏思惟像傳入後，朝鮮半島三國時期也出現不少半跏思惟像，這時期的思惟像被認為是與彌勒信仰有關的造像，如著名的國寶第八十三號以及七十八號金銅彌勒半跏思惟像。國寶第八十三號，佛像頭戴三山形寶冠，袒露上半身，右手指輕支面頰，刻畫出的沉思神態，尊貴優雅，無與倫比，精湛的藝術表現和價值，被譽為是韓國佛像的代表之作。

而七一九年統一新羅造慶州甘山寺彌勒菩薩立像，則採立姿，彌勒菩薩頭戴花紋裝飾寶冠，面容寬圓，衣裙緊貼軀體，搖曳生姿，顯現出唐代造像風格。

國寶級三國時代兩尊金銅彌勒半跏思惟像，以古典優雅的風格舉世聞名。（陳明華攝）

七一九年統一新羅時期造慶州甘山寺彌勒菩薩立像，顯現出唐代造像風格。（陳明華攝）

頭戴冠帽形石造彌勒像的興起

三國時期精緻優雅的半跏思惟彌勒像，在進入高麗時期以後，不但沒有進展，反而逐漸衰退。不過，一種新的造像樣式——頭戴冠帽形的石造彌勒佛立像，正悄然興起；而採倚坐姿勢的彌勒下生像，今僅遺高麗晚期作品，如一二九四年作日本妙滿寺藏〈彌勒下生變相圖〉、一三五〇年作日本親王院藏〈彌勒下生變相圖〉，及法住寺摩崖如來倚坐像。

新羅末期開始出現的戴冠帽形石造佛像，在朝鮮半島前所未有，在漢地也未曾耳聞。目前約遺有七十多尊像，年代從統一新羅末迄至朝鮮時代為止，造像的高峰期在高麗時期，計有五十四件。佛像遍及全國各地，約百分之六十以上分布在北部的首爾、京畿道和中部的忠清道地區，是此造像樣式流行的區域。佛像所在之位置，如大邱市冠峰石造如來坐像（詳見本書頁一五七）屹立於山中高處；論山灌燭寺石造彌勒菩薩立像、扶餘大鳥寺彌勒石像、唐津安國寺址石佛立像等立於佛寺之內；忠州彌勒里石造如來立像，位於交通要道的驛站；或益山古都里石佛立像立於鄰近村落周邊的空曠野地。

冠峰石造如來坐像，造於九世紀，年代最早，矗立於海拔九百一十公尺高的山峰峭壁前，如來肉髻頂上戴著一塊邊緣已破損的石板，持禪定印和降魔觸地印，除了佛頭頂上的石板較為奇特以外，整體上來看，佛像仍顯現出統一新羅典雅平穩的風格。雕像所在大邱市八公山，為「新羅五岳」的中岳，國家行祭山之處，佛教傳入後，山中佛寺興起，故對於此像的起源或說與山祭、祈雨儀式有關。目前八公山桐華寺、把溪寺、銀海寺、念佛庵、毘盧庵等佛寺林立，山中暮鼓晨鐘，佛音裊裊，朝山拜佛的人絡繹不絕。特別是每逢大學高考時期，冠峰石造如來坐像前總是人滿為患，都是來為祈求子女金榜題名的父母。

帝王冕旒冠的彌勒立像

高麗時期流行的冠帽形佛立像，最為特殊的就是佛頭頂上的石板，石板呈現圓形、長方形、正方形、六角形、八角形等各種不同形狀，佛像有的頭大頸小，有的身軀短小或細長如柱，似已擺脫造像儀軌的約束。

冠帽形佛像中，又以頂戴如帝王冕旒冠的彌勒像最為獨特，這種在高麗光宗時期興起的樣式，最初出現於竹州（安城）、論山、扶餘一帶，而後競相仿傚，擴及至京畿、忠清道全區域，已知有安城梅山里石佛立像、抱川舊邑里石佛立像、安國寺址石佛立像、坡州龍尾里摩崖佛等，最為著名的是忠南地區的灌燭寺和大鳥寺彌勒石像。

國寶灌燭寺石造彌勒菩薩立像，又稱為恩津彌勒，高麗光宗十九年

（九六八年）由僧人慧明始事塑造，雖得到朝廷及地方支持，但工程進行長達三十七年之久，於一〇〇六年竣工。佛像高度超過十八公尺，為高麗前期所造大佛之一。佛像臉呈方圓形，五官刻畫清晰，脖短而粗，胸前雙手持印，壯碩誇張的手形，形同戴上厚重的手套，而窄肩筆直的身軀負荷著不成比例的佛頭，顯得有些局促。

佛像最引人注目的是，頭部頂戴長筒狀寶冠，上端覆蓋上、下二塊橫的長方形石板，前後無旒，四角飾有垂鈴。這種如同冕旒冠的帽式，應是仿自北宋、遼的帝王官服制度，但又與

國寶「灌燭寺石造彌勒菩薩立像」頭戴冕旒冠，像高超過十八公尺，為高麗前期所造大石佛之一。（陳明華攝）

帝王冕冠板形是前圓後方、前低後高直立長方形，冕板前後有玉藻裝飾，略有不同。在佛像前方參拜時，拉長的佛頭與寶冠，成為仰視佛像時的聚焦點。

大鳥寺彌勒石像同樣位於忠清南道，樣式與恩津彌勒像頗為類似，像立於主殿圓通寶殿後方坡地，規模較小，頭部亦頂戴冕冠形石板，胸前配有瓔珞，法衣紋飾清晰刻畫，前方現建有龍華寶殿。

庶民風格的冠帽彌勒立像

相較於灌燭寺、大鳥寺的彌勒佛像，顯現出如帝王般的威嚴端肅，安國寺址如來三尊立像、忠州彌勒里石造如來立像則散發出樸拙無華的庶民風格。記得二〇一四年調查安國寺址時，因地處偏僻，是從唐津市包車前往，抵達後，爬上石梯，映入眼簾的是三尊挺立的佛像，雖然周邊為荒蕪山地，但在湛藍天空的輝映之下，仍不失孤高自許的氣度。

立於中央的彌勒像，臉形方圓，眉目淺刻，面貌如世間常人。佛頭上頂戴一塊巨大方形石板，身如長柱般細長。軀體除了雕出雙手形狀以外，衣紋等其他部分表現相當簡略，彷佛是出自民間手藝不精的匠人之手，但也因如此，反而有樸實不做作的拙趣與獨特的風貌。

彌勒像兩旁各立一尊脇侍菩薩，相較於主尊身形顯得矮小，像左側菩薩頭部已破損，右側菩薩原半身

大鳥寺彌勒石像立於主殿圓通寶殿後方坡地，頭部頂戴冕冠形石板，胸前配有瓔珞，法衣紋飾刻畫清晰。（陳明華攝）

埋入地下，現掘出全身。三尊佛像前方建有石塔，後方立有巨石，這塊巨石是與彌勒下生信仰有關的埋香石[1]。

關於冠帽形彌勒佛像的興起和源流，一直是學界討論的問題，有說是來自懸於佛菩薩頂上的寶蓋演變而成，也有說是為保護佛像頭部而作的看法。而對於高麗光宗時期出現冕旒冠彌勒佛的背景，則有光宗欲鞏固中央王權，借用彌勒下生信仰的

安國寺址如來三尊立像散發出樸拙無華的庶民風格，顯示彌勒信仰從王室普及民間。（陳明華攝）

轉輪王出世治國思想的看法[2]。只是隨著佛教後來愈深入往民間發展，冕旒冠形彌勒佛亦漸脫離與王室統治者的關係，褪去象徵王權的色彩後，造型也愈轉向無華質樸，在廣大的百姓信仰階層中，成為人們追隨彌勒佛，嚮往著未來美好世界的心靈依託。流傳至今，這種頭戴冠帽形的彌勒佛像，也成為韓國獨特的彌勒造像。

1 埋香石又稱埋香碑，盛行於十四世紀初至十五世紀左右，如一三〇九年立高城三日浦埋香碑、一三八七年立泗川埋香碑等。民眾組織結契，自稱為香徒，在地下埋入香木，上立巨石碑文，稱為埋香。埋香儀式除了有以香供養彌勒佛的涵義之外，亦與彌勒下生和祈福國泰民安有關。

2 光宗為太祖王建四子，高麗第四代君主。因目睹高麗開國之初，王室政權搖擺不定，以及兄弟爭位事件，登基後便積極謀略，強化中央集權。如在光宗十一年（九六〇年）稱帝使用「峻豐」年號、定百官公服、以明尊卑上下；或改開京為皇都、西京為西都等。雖然「峻豐」年號只用四年，後改行宋年號，但一連的舉措，可見其苦心積慮捍衛王權。

Chapter 2

02

化現在人間的
文殊童子

唐以來，文殊菩薩信仰與五台山佛教聖地思想東傳，入唐求法的新羅慈藏律師於溟州臺山建立文殊道場，五臺各配置尊像，中臺以毘盧遮那佛和文殊菩薩為首，成為今日江原道月精寺、上院寺文殊菩薩聖地的雛形。而朝鮮世祖在五臺山親見文殊菩薩顯應化身的故事，也讓雙紒文殊童子像成為代表韓國五臺山文殊菩薩的形象。

文殊菩薩與普賢菩薩像，是在釋迦如來佛、毘盧遮那佛或是觀音菩薩尊像旁常見的一對眷屬，為法華宗和華嚴宗教主的兩大脇侍菩薩。文殊菩薩除做為主尊像脇侍以外，也有單獨的造像，信奉文殊菩薩信仰，以及修建文殊殿和塑像，與自唐以來，五台山（今山西省忻州市）文殊菩薩聖地的成立與發展有著密切的關係。

參訪過五台山佛教聖地的人，應可發現各佛寺奉祀的文殊菩薩像相當多樣，如五台中的東台聰明文殊、西台獅子吼文殊、南台智慧文殊、北台無垢文殊、中台頂孺童文殊，以及羅睺寺騎獅文殊、顯通寺老文殊、甘露王文殊、千鉢文殊等，相貌和稱號多彩多姿。位於韓國江原道五臺山的文殊菩薩道場，則供奉一尊雙紒（紒音ㄐㄧˋ，結髮為髻）文殊童子像。

文殊菩薩造像的演變

文殊，梵名 Mañjuśrī，音譯文殊師利、曼殊室利，又稱文殊師利童真、孺童文殊菩薩，為佛教四大菩薩之一，做為智慧的象徵。文殊信仰的相關經典，以《維摩詰所說經》、《華嚴經》、《梵網經》、《法華經》及密教《金剛頂經》、《千鉢經》等諸經為代表。

關於文殊師利的形相，較為世人所熟悉的是著菩薩裝，坐騎青獅或蓮花座，手中持物有利劍、梵篋、蓮花、如意等，從圖像上來看，不難辨識。而在密教胎藏界曼荼羅中台八葉院中，文殊菩薩現童子或金剛法相，頂結五髻，表五智五佛。同時以五髻童子為本體，還有一髻文殊、八髻文殊種種差別等。上述的造像以外，也有依經中說文殊各種顯應化身的故事，將文殊菩薩塑造成老者、僧人或貧女的樣貌。

敦煌地區唐以前出現的文殊菩薩像，多與普賢菩薩對稱搭配，形相和一般菩薩相似，沒有個別顯著的圖像特徵。入唐後，騎獅文殊和騎象普賢的組合蔚為一種固定樣式，流傳至後代。另中唐時期出現獨立的文殊菩薩作品，多與五台山題材相連，此時期文殊菩薩與操轡的崑崙奴，以及天王、力士組成一種構圖模式。

唐滅亡後五代十世紀初，單尊文殊師利菩薩再出現一種「新樣文殊」，即文殊菩薩的馭獅者由原來的崑崙奴變成于闐王，再加上善財童子，或是添加佛陀波利、大聖老人，組成文殊菩薩五尊像，此圖像組合也流播至明代以後才漸衰退。

文殊信仰與新羅五臺山

韓國的文殊信仰，是以新羅僧慈藏（五九〇～六五八年）於溟州臺山建立文殊道場（今江原道平昌郡五臺山月精寺和上院寺一帶）為濫觴。新羅五臺山的成立，受到唐代五台山聖地的影響，最初是在華嚴義學的基礎之下所成立，後再結合密教，做為護國祈福的道場，相較於中國、日本的五台山，具有結社、讀經與行儀的特徵。於五臺所配置的尊像，依《三國遺事》卷三〈臺山五萬真身〉記載，東、西、南、北四臺分別立觀音、無量壽佛、釋迦如來、八大菩薩（地藏）為主尊，中臺真如院以毘盧遮那佛和一萬文殊菩薩為首，各臺配置的尊像非以文殊菩薩為主，也與金剛界五方佛有所不同。

文殊信仰在韓國的發展，以高麗時期較為興盛外，確實不如阿彌陀佛、觀音、地藏菩薩般獲得廣泛信仰，文殊殿也不多，除了文殊聖地上院寺以外，目前有高敞清涼山文殊寺、永東般若寺、河東雙磎寺國師庵等道場。

現存最早的文殊菩薩造像，可見

上院寺是由新羅僧慈藏法師所建立的文殊道場。（陳明華攝）

始建於七五一年的慶州石窟庵，在中央圓室內雕有兩尊文殊菩薩像，一尊為立像，鑿刻於主尊像前方的壁面上，與普賢菩薩配對；文殊菩薩持經梵，普賢菩薩持寶缽，均無坐騎。另一尊坐像，則在主尊背後壁面的龕室，與此像相應的是在另一龕室內雕造的維摩居士像，應是體現《維摩詰所說經》中文殊師利問疾維摩居士，與維摩居士精彩對談的經說。

高麗時期，文殊菩薩多做為主尊像的脇侍菩薩，如晚期繪製的高麗佛畫，文殊菩薩列為八大菩薩一員，手中有持物，座騎大多省略。單尊像如現國立中央博物館藏〈觀音菩薩鏡像〉，在鏡背面有線刻五髻童子騎孔雀像。

朝鮮時代以後，做為大殿主尊脇侍的文殊坐像以菩薩裝為主，多無座騎。一七七〇年作〈松廣寺華嚴經變相圖〉中則見結髻、披帛帶文殊師利童子，或如麻谷寺天王門、雙磎寺金剛門所塑文殊童子像仍有座騎，文殊童子坐在獅背上，而非「騎」，表現出匠師的巧思。可以說，韓國的文殊菩薩主要是做為主尊眷屬，罕見單尊的文殊像，也無隨從。唐密的五髻文殊童子像或千手千缽文殊等，也不如日本流行。

朝鮮世祖在五臺山與文殊奇遇

上院寺是月精寺末寺，做為中臺真如院所在的佛寺，目前供有兩尊朝鮮時代文殊像，一尊造於

〈松廣寺華嚴經變相圖〉中所繪結髻、披帛帶的文殊師利童子。（陳明華攝）

一六六一年木造文殊菩薩坐像，另一尊是一四六六年造，指定為國寶的木造文殊童子坐像，此尊文殊童子像髮梳兩髻，手持說法印，頸配瓔珞，著披肩法衣，原來有獅子座騎，但韓戰發生時，住持法師緊急避難，僅保存下佛像。

做為代表韓國文殊信仰中心的上院寺，文殊菩薩為何是雙紒童子的形相呢？傳說與朝鮮世祖（一四五五～一四六八年在位）在五臺山親見文殊菩薩化身的由來有關。據說世祖背後長膿瘡，久醫不癒，甚為苦惱。高麗以來，由於文殊菩薩具有祈祝國運昌隆與療病的宗教職能，信眉法師（一四〇三～一四八〇年）遂奏請世祖參訪佛寺，藉以佛力治療國王隱疾。

一日，世祖巡遊至上院寺，因不堪膿瘡搔癢，遣開隨從於溪邊洗浴，此時忽然出現一童子，自告奮勇地要幫世祖搓背。搓洗完後，世祖悄悄地對童子說：「千萬別告訴別人，寡人背後長瘡，你幫忙擦背。」童子回答說：「您也別告訴別人，文殊菩薩親自幫你擦背。」說完倏然消失不見。

上院寺安奉國寶木造文殊童子坐像，此像文殊童子髮梳兩髻，手持說法印。（陳明華攝）

說也神奇，世祖的瘡痨經童子洗拭後，竟不治而癒，於是世祖命畫工畫出自己所親見的童子像，據傳寺中的文殊童子像即由此而來。

世祖親見文殊菩薩顯應化身的傳說，在民間廣泛傳述，全國皆知，永東般若寺同樣也有此傳說。但上院寺現存木造文殊童子坐像真是依世祖所見童子塑造而成的嗎？一九八四年文化財管理局從此文殊童子坐像內發現發願文、重修文、佛經、陀羅尼、喉鈴筒、舍利瓶等，總計二十三件入藏品，據起造佛像的發願文，與民間盛傳的說法，有所出入。此像原來是朝鮮懿淑公主與夫婿為祈求子嗣，於朝鮮世祖十二年（一四六六年）特地布施給五臺山文殊寺的佛像，後在成宗年間移至上院寺，一五九九年加以修繕，安奉於至今。從一五九九年〈重修文〉中，也可知當時寺中除奉文殊童子像外，還有一尊老文殊像。

韓國五臺山文殊童子像的原型，應來自密教五髻文殊童子的儀軌，

麻谷寺文殊童子騎獅像。（陳明華攝）

諸如在麻谷寺、雙磎寺、松廣寺、華嚴寺等，都可見文殊童子騎獅像和普賢童子騎象像，不過從文殊童子髮式和服飾的裝扮來看，已和朝鮮的童子形貌並無太大差別。[1] 從五髻童子到世人所熟悉的雙髻童子，文殊菩薩的形相似乎更人間化了。圖像的轉化，除了此時期佛教深植民間，融合世俗的喜好外，可能也與經傳中文殊菩薩的化身，原本就具有世俗人物的特徵有關。

如《廣清涼傳》中，文殊菩薩化身為老人與佛陀波利相遇，故事敘述前來五台山朝聖的梵僧佛陀波利遇到一位老者，老人問佛陀波利：「是否帶來《佛頂尊勝陀羅尼經》？」佛陀波利答：「未帶此經。」於是老人要他返回西域，求此經書。後佛陀波利將經書帶入中土，譯出經書並廣泛傳播。或同書中〈菩薩化身為貧女〉述設大齋濟貧的僧主對衣著襤褸，索取腹中胎兒飯食的女乞丐，露出鄙賤嫌惡的態度，卻沒想到是文殊菩薩化現為貧女，來度化世人。文殊菩薩所化現的老人、貧女都是人們日常熟悉的人物，這種貼近現世所產生的親近感，或許也是韓國出現雙紒文殊童子的原因吧。

1 從高句麗古墳壁畫或其他文物來看，韓國古代童子髮式是往後束綁或結辮垂下，高麗末朝鮮以後，受到元、明的影響，童子編紮兩側頭髮，盤捲成髻，形如角，也稱為總角（총각），指未婚的男性。

Chapter 2
03

羅漢豈僅
降龍伏虎

在漢地，以降龍伏虎羅漢像最廣為人知，到了朝鮮半島，羅漢造像自由多變，充滿想像力，尤其是羅漢的從獸不僅有龍、虎，還出現了獅、象、豹、烏龜、鳳凰、水鳥、鶴、貓鼬等，這些萌樣的從獸，除了含有宗教法義外，更觸動人內心深處，是來自動物溫暖人心的療癒力。

提起羅漢像，一般會想到大雄寶殿、觀音殿或是羅漢殿內的十六羅漢、十八羅漢或五百羅漢像。而在朝鮮半島，羅漢像見於靈山殿、應真堂、羅漢殿、八相殿、五百殿等，雖有安置於大殿內的例子，但較為少見。羅漢殿通常做為配殿，殿宇不大，卻是筆者最鍾愛的佛殿之一，每次進入，看到樸實坦率、生動有趣的羅漢像，心生歡喜，真是療癒身心的好地方。

羅漢，梵文稱阿羅漢（arhat），依《翻譯名義集》解釋，字義具有不生、殺賊、應供三義。在小乘或大乘佛教中，羅漢多表果位；小乘中羅漢是修得解脫道最高果位的聖人，而在大乘的菩薩、緣覺、聲聞三乘中，羅漢是初地以上的菩薩，被稱是出世三乘得道的聖賢僧。

羅漢造像自由多變

羅漢信仰與造像在漢地的流傳，肇始於唐玄奘譯《大阿羅漢難提

達摩山下美黃寺應真堂，內有十六羅漢像。（陳明華攝）

蜜多羅所說法住記》，經中譯出十六羅漢尊名，敘述佛涅槃時囑咐十六羅漢，在未來佛彌勒下生之前，住世傳法，利益眾生。由於在世間傳法的佛弟子，都是修得羅漢果位的二乘聖眾，因此稱為羅漢、阿羅漢。韓國的十六羅漢像尊名，所依也是《法住記》中揭示的羅漢名號[1]。

羅漢是「內祕菩薩行，外現聲聞相」，一般現比丘相，也就是僧人模樣。依《法住記》云：「現種種形蔽隱聖儀，同常凡眾，密受供具，令諸施主得勝果報。」意謂羅漢蔽隱聖儀，多現神變，使供養羅漢的施主獲得更大福報。因而羅漢即使是僧人形相，仍富有變化，造像也比其他佛像自由，呈現各種形態。如《宣和畫譜》卷三評述五代畫家張玄所畫羅漢為「世態之相」，有別於貫休（八三二～九一二年）骨相奇怪的「脫略世間」風格。而在高麗時代，用夾紵乾漆工法，則造出如真人般栩栩如生的〈希朗大師像〉（海印寺藏）。

目前韓國佛寺所供奉羅漢像，年代多為朝鮮後期以後，包括木刻、石雕和泥塑等，約存百餘組件，承造的匠師，主要來自由僧人所領導的工班，如十七世紀以印均、無染、守衍等人為首；或是十七世紀後期至十八世紀由敬坦、勝浩、色難、摩日等帶領的藝師，他們活動於慶尚道和全羅道一帶，承包佛寺的造像，各具有風格。

「世態百相」的羅漢像

今日遺留的百餘組羅漢像中，除七件為五百羅漢像外，餘皆是十六羅漢像，幾乎不見十八羅漢像的組合；約有三分之二的羅漢像分布在慶尚道和全羅道地區，因此這地區的佛寺都建有羅漢殿。殿內的安像法，一般來說中央佛壇以釋迦如來佛為首，左右脇侍搭配彌勒、提和竭羅兩大補處菩薩，呈現現在（釋迦佛）、未來（彌勒佛）、過去（提和竭羅，即燃燈佛）三世佛的形式。三尊佛兩旁各列八尊羅漢像，再添增帝釋天、監齋使者、直符使者、童子像等。

羅漢像高度平均約在五十至八十公分之間，應是為了配合佛殿空間大小的關係。像多採坐姿，安坐於

海印寺藏夾紵乾漆希朗大師像，高麗時代。（陳明華攝）

岩石或蓮花台上，體格顯現精悍短小。面貌較少額頭高突，深目高鼻，蓄鬚戴耳飾的梵相造型，常見方頭大耳，氣宇軒昂的年少尊者，或面頰削瘦，皓髮長眉老者的類世間之相，羅漢神情各異，動態有模有樣，表現讀經、說法、禮拜、禪定、應供、寫經、搔背、捻針引線補衲，以及降龍伏虎等神態，這樣的形貌也許就是來自當時朝鮮僧人日常的面貌。

朝鮮十六羅漢像所具「世態百相」的特徵，於文人權以鎮（一六六八～一七三四年）撰〈遊清涼山記〉（案：此為位於慶尚北道奉化郡的清涼山）中，有極為生動的描述：

> 南轉安中庵，又轉南至羅漢殿，其庭前有上下二層，皆平廣可喜。殿中有三金佛，皆色鮮。羅漢十六軀，工造特巧。或皴而蹙，不堪其老者、或露一膝按之而似愁者、或側面大笑，巾帽皆攲者、或微笑見矧者、或端坐不睨者、或斜視而若有思者、或瞌眼思睡，童子在傍，拍手以驚之者。皆若活人，真有是模樣者，甚可奇也。

讀了此文，再欣賞羅漢像時，更覺得韓國羅漢像活龍活現，唯妙唯肖，平凡詼諧的美學之中，不失警世意味。

充滿想像力的羅漢從獸

朝鮮羅漢像更讓人驚豔不已的是，以各種瑞獸伴隨的造型。羅漢的從獸中，最為人所熟知的，應是明清時期十八羅漢中的降龍、伏虎羅漢。在朝鮮半島十六羅漢像的從獸，不僅有龍、虎從獸，還搭配了許多動物，諸如象、豹、烏龜、鳳凰、水鳥、鶴、貓鼬等，以及從外形不易區別，究竟是狻猊（ㄙㄨㄢˊ ㄋㄧˊ）、獬豸（ㄒㄧㄝˋ ㄓˋ）、或是獅子的動物。從獸類中，又以形似獅子造型的狻猊、獬豸最多，其次才是虎。

這些動物從羅漢袍服或是台座探頭鑽出，表情一愣一愣，帶點傻氣，或溫柔地依偎在羅漢懷中或身旁，嬌柔溫馴的模樣，討人歡喜。要不，乖巧地臥躺在羅漢跟前，成為羅漢寫字的小書桌，舉止逗趣，令人會心一笑。相較於漢地羅漢像莊重剛強的表象，朝鮮羅漢像因伴有各種從獸，增添不少祥和可親的感覺。

羅漢與從獸的搭配，不拘泥於經說，沒有一貫的章法，且似是隨著匠師的想像力，興之所至。如全南地區，朝鮮後期造十六羅漢像中，康津郡淨水寺第七尊者和第十六尊者兩手都撫摸著如狻猊的動物；高興郡楞伽寺第二尊者、第十二尊者和第十三尊者都以青色的獬豸搭配；或者完州松廣寺第十四尊者是降龍羅漢，而羅州佛會寺第八尊者是降龍羅漢，可知此時從獸的搭配，並不局限於羅漢的名號。

經典文人筆下的羅漢從獸

佛教經籍中有關於羅漢從獸的敘述，以羅漢降龍伏虎的事蹟最多，多在表現羅漢的神通力。降龍者，如《佛祖統紀》卷五述第三尊者商那和修祖師定力降龍；或如《高僧傳》卷五述釋僧朗隱居於金輿谷的伏虎行跡：「此谷中舊多虎災，常執仗結群而行，及朗居之，猛獸歸伏。晨行夜往道俗無滯，百姓咨嗟稱善無極。故奉高人至今，猶呼金輿谷為朗公谷也。」或是僧人以佛法感應猛虎，如《法華傳記》卷四述晉蜀三賢寺主釋僧生誦經時，有虎前來聽聞佛法：「晝夜誦《法華經》，兼習禪定。於山中誦《法華經》，有虎來蹲其前，誦經竟迺去。後每至諷詠，輒見左右。」

文人文集中，北宋蘇軾（一〇三七～一一〇一年）曾為蜀金水張氏畫十八大阿羅漢作〈十八大阿羅漢頌〉，文中出現的羅漢從獸頗多，例如第三尊者是「白沐猴獻果」、第六尊者「右手支頤，左手拊稚獅子」、第七尊者「臨水側坐，有龍出焉，吐珠其手中」、第十二尊者「正坐入定枯木中，其神騰出於上，有大蟒出其下」、第十三尊者「倚杖垂足側坐。侍者

佛會寺
羅漢殿羅漢像（狻猊）

佛會寺
羅漢殿羅漢像（象）

興國寺
應真堂羅漢像（獅）

佛會寺
羅漢殿羅漢像（龍）

雲門寺
應真殿羅漢像（豹）

竹林寺靈山殿羅漢像
第七迦理迦尊者（鳳凰）

仙巖寺
應真堂羅漢像（獬豸）

佛會寺
羅漢殿羅漢像（虎）

仙巖寺
應真堂羅漢像（獅）

（陳明華攝）

一七九〇年繪製的南長寺十六羅漢圖（現存兩幅之一）。（陳明華攝）

捧函而立，有虎過前，有童子怖匿而竊窺之」、第十七尊者「臨水側坐，仰觀飛鶴」等，有猿猴、雛猊、龍、蟒蛇、虎、鶴等動物，大文豪蘇軾在此頌偈中勾勒出的羅漢形相，相信給後世羅漢的創作帶來不少靈感。

眾所周知，動物具有療癒人心的力量，許多大科技公司都允許員工可以帶寵物上班，以紓解工作上的壓力。近來，韓國也將原來「愛玩動物」

（애완동물，意為寵物）一詞，改為「伴侶動物」（반려동물），用來表達動物與人之間同等關係的涵義。佛教藝術中動物的表現，原本都取其所含法義，且具有象徵性，但朝鮮羅漢與從獸的造像，給予人的感覺，卻有一股來自動物溫暖人心的療癒力。從羅漢像這般人性化的動物愛表現，我們可以想像，朝鮮時代的人們應亦如同今人一般，動物也是人們非常親密的伴侶。

1 依全羅道寶城郡五峯山開興寺一六五二年刻《諸般文》中收錄〈羅漢禮〉，所列十六羅漢尊名為：第一賓頭盧跋羅墮闍尊者、第二迦諾迦跋蹉尊者、第三迦諾迦跋釐墮闍尊者、第四蘇頻陀尊者、第五諾矩羅尊者、第六跋陀羅尊者、第七迦理迦尊者、第八伐闍羅弗多羅尊者、第九戍博迦尊者、第十半託迦尊者、第十一羅怙羅尊者、第十二那伽犀那尊者、第十三因揭羅尊者、第十四伐羅婆斯尊者、第十五阿伐多尊者、第十六注荼半托迦尊者。

童心一如佛心的童子像

佛教的童子造像十分討喜，尤其善財童子形相深植人心，是佛教童子造像的典範之一。高麗〈水月觀音圖〉，可見一心求道的善財童子，朝鮮時期地藏殿內的童子像則多彩多姿，有侍從地藏菩薩和冥王的十多尊童子像。

佛教藝術中所出現的童子形相，有雪山童子、文殊童子、普賢童子、善財童子等。雪山童子是世尊於過去世修菩薩道時之名；文殊童子來自密教胎藏界曼荼羅中台八葉院中，五髻文殊童子的造像經軌，表五智五佛。善財童子是《華嚴經．入法界品》中參五十三位善知識入法界的求道菩薩，常出現在觀音菩薩像旁，與文殊童子一樣最為大眾所熟知。除上述以外，還

京畿道普光寺大雄寶殿外，背面板壁彩繪的蓮花化生童子。（陳明華攝）

有彌陀淨土變相圖中的蓮花化生童子、冥府殿地藏菩薩的善惡童子，或是出現在羅漢、山神像旁邊，烹茶、獻果，擔任雜役的童子像等。

童子（梵語Kumāra，或kumāraka）音譯究摩羅、鳩摩羅伽，《大智度論》卷二十九述：「欲得鳩摩羅伽地者，或有菩薩從初發心斷婬欲，乃至阿耨多羅三藐三菩提，常行菩薩道，是名鳩摩羅伽地。復次，或有菩薩作願：世世童男，出家行道，不受世間愛欲，是名為鳩摩羅伽地。復次，又如王子名鳩摩羅伽，佛為法王。菩薩入法正位，乃至十地故，悉名王子，皆住為佛。如文殊師利，十力、四無所畏等悉具佛事故，住鳩摩羅伽地，廣度眾生。」以童子行菩薩道，「得無生法忍，乃至十住地，離諸惡事」，達無上正等正覺的象徵。

菩薩化身為童子的各種傳說

佛經中敘述的童子名稱極其繁多，其中有指一般童子，或是菩薩化現的童子，或是菩薩身旁的眷屬。韓國佛教文獻中亦出現不少與童子有關的記載，《三國遺事》卷五〈感通第七．月明師兜率歌〉、卷三〈塔像第四．彌勒仙花未尸郎真慈師〉條述，彌勒化身為童子或是童子模樣的國仙（彌勒仙花）；或〈塔像第四．洛山二大聖觀音正趣調信〉述正趣菩薩示現為金色童子，襄助僧人梵日擇地興建精舍等。從敘述的內容來看，三國時代出現的童子與新羅的彌勒信仰有密切關係，在僧人修行遇到阻礙、或國家有難時，彌勒菩薩化現為童子，成為其達成求道大願的助力。

民間傳說中，江原道麟蹄郡雪嶽山五歲庵童子得道，以及五臺山文殊菩薩示現為童子，治癒朝鮮世祖瘡疾的故事[1]，傳布極廣。五歲庵童子求道的異蹟，家喻戶曉，曾拍製成多部動畫和電影。位於深山窮谷中的五歲庵，現為百潭寺附屬佛庵，傳在六世紀時由新羅僧慈藏初建，稱觀音庵，朝鮮仁祖時期僧人雪頂收養五歲孤兒遁居於佛庵中修行，臘月初冬某日，雪頂為貯備過冬糧食下山，將孩童一人留在庵中，不料欲返回時遇到暴風雪受阻。至翌年春天，心急如焚的雪頂趕回山中，原本擔憂與世隔離，獨處佛庵的幼童已經飢寒交迫而死，然而孩童因受到觀世音菩薩的庇護，安然無恙，奇蹟般地活下來。童子成道的故事競相傳頌後，佛庵也改名為五歲庵。

善財童子，佛教童子造像的典範

在造像上，童子經常做為菩薩或主尊像的侍從，善財童子是其中最具代表性的，這與《華嚴經》的〈入法界品〉長久以來受到高度的崇仰，不無關聯。在〈入法界品〉中，善財童子是經文殊菩薩教化，為實踐普賢菩薩十大行願的求道菩薩，由於四十華嚴無遠弗屆的影響，善財童子五十三參圖像也成為佛教童子造像的典範。

高麗後期所作〈水月觀音圖〉作品中，皆可看到善財童子的蹤影，如日本鏡神社藏一三一〇年作〈水月觀音圖〉，畫面右下端繪善財童子恭敬合十，面向觀音，目視不瞬，呈現〈入法界品〉所述善財童子參第二十七位善知識觀世音菩薩，聆聽大悲行解脫法門的場景。高麗〈水月觀音圖〉中的善財童子樣貌與漢地童子相仿，頭梳雙髻或三髻，內著袜胸，外披天衣帛帶，穿護腰縛褲，配瓔珞腕釧，眉目清秀，無染世間愛欲瞋癡的表情，刻畫入微。

至朝鮮時代，彌陀淨土為信仰主流，觀音信仰面貌雖有所衍變，但善財童子始終如影隨行，做為觀音的眷屬。朝鮮觀音佛畫中的善財童子表現較為自由，多立於觀音跟前，不似高麗〈水月觀音圖〉中位居畫面最下端，目光往上凝視觀音。如一七二三年義謙作〈興國寺觀音幀〉，善財童子合十在觀音座前；或是麻谷寺大光寶殿佛壇後壁背面所繪白衣觀音圖，善財童子雙手捧鳥，立於觀音身後的岩石上。明成化十三年（一四七七年）刊印，民間信奉的觀音陀羅尼《佛頂心大陀羅尼經》，扉畫中善財童子與童女、供養人、韋馱等並列為觀音眷屬和護法神。善財童子在觀音圖中的移位，應與明代以後《香山寶卷》、《南海觀音全傳》等中講述觀音現身南海，收善財童子做為侍從的內容有關。

地藏殿的童子群像

地藏殿（或冥府殿）內安置的童子像，與前述由菩薩化現，或具有發心求道的宗教法義不同，在配像上數量也多。一般地藏殿的安像儀軌，佛壇正中央為地藏菩薩，道明尊者與無毒鬼王隨侍，稱為「地藏三尊」，地藏三尊兩旁各安置一尊童子像，然後左、右兩側各列五尊地獄十王像，冥王像旁再添置童子、判官、使者，以及靠近門口的

雲門寺冥府殿中輾然而笑的童子像。（陳明華攝）

金剛力士像等。因此，殿內包括地藏菩薩兩側的善、惡童子像，以及隨侍冥王判官的童子像，應該有十尊至十二尊童子像。可惜的是，目前大部分地藏殿內遺失不少童子像，保存完整童子像的地藏殿較少。

地藏菩薩旁的善、惡童子像，其宗教職能見《佛說預修十王生七經》、唐不空（七〇五～七七四年）譯《佛說延命地藏菩薩經》、唐藏川述《佛說地藏菩薩發心因緣十王經》（簡稱《地藏十王經》）、《太上洞玄靈寶業報因緣經》等佛、道教諸經書。《地藏十王經》述：「證明善童子，時不離如影，低耳聞修善，無不記微善。證明惡童子，如響應聲體，留目見造惡，無不錄小惡。」可知善、惡童子書盡亡人生前善福惡業，在亡者至閻羅王（地藏菩薩）面前時，「持奏與閻魔法王，其王以簿推問亡人，筭計所作隨惡隨善而斷分」。善、惡童子因而做為地藏菩薩的眷屬。

敦煌出土、法國吉美美術館藏北宋絹畫〈地藏菩薩六道圖〉中，可見手持案卷的善、惡兩童子佇立於地藏菩薩兩側，高麗晚期作日本華藏院藏〈地藏十王圖〉中地藏眷屬眾多，有四天王、帝釋天、梵天、十王、使者、判官、善惡童子、獄卒像等，反映出高麗時期地藏和冥府十王信仰相融的面貌。朝鮮以後，十七世紀為冥府殿興建的高峰時期[2]，今日所見童子像也大多為此時期以後所造。

十九世紀朝鮮的地藏菩薩幀畫多

繪有童子像，其中繪有善、惡童子像者約有二十件，如一八〇三年石南寺〈地藏菩薩幀〉中的善、惡童子像出現在地藏菩薩台座下兩側，此圖像樣式流行於慶尚北道、京畿道地區，應與畫稿草本的流通和畫師間的仿繪有關。

安置於地藏殿內的童子像，囿於空間的限制，高約六十至九十公分左右，結雙髻或往後梳成長辮，穿著朝鮮童子服飾或官吏服，手持名簿、案卷、筆硯、經版以外，還可見懷抱龜、鳥、魚、狻猊、獬豸、獅子等瑞獸，或是手持花葉、西瓜、青菜等瓜果類供品，模樣詼諧有趣，很有親和力。其中，〈雲門寺童子像〉囅然而笑，以及一六五四年造〈佛甲寺童子像〉露齒微笑的表情，令人印象深刻。冥府殿童子雖不如善財童子、文殊童子那樣受到矚目，但造像較不受經說約束，藉由匠師巧手所塑造出的童子像，呈現出天真無邪的童心，惹人喜愛，給肅穆哀戚的冥府殿氛圍帶來不少暖意。

1 此軼事請參閱第一七四、一七五頁。

2 十七世紀的朝鮮歷經壬辰倭亂（一五九二～一五九八年）、丙子胡亂（一六三六～一六三七年）兩次戰爭，傷亡人數極多，戰後為安置亡者靈位以及舉行水陸齋，各地佛寺積極重建地藏殿、冥府殿。但礙於財源捉襟見肘，有的寺院只能在地藏殿或冥府殿中擇一，合祀地藏菩薩和地獄十王像。

松廣寺

松廣寺

雙磎寺

松廣寺

松廣寺

雙磎寺

松廣寺

松廣寺

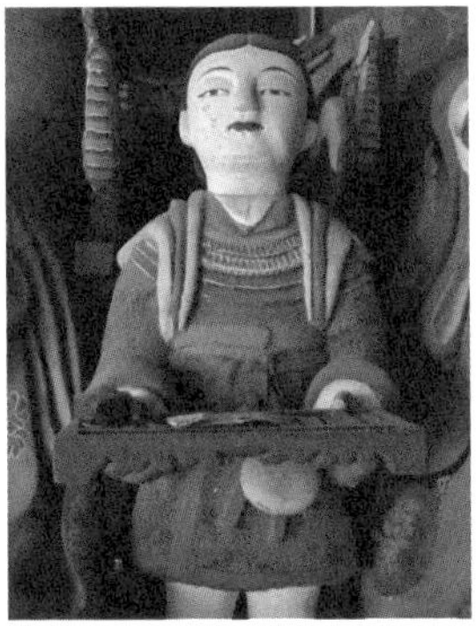
廣德寺

冥府殿童子像的各種手持物與從獸。（陳明華攝）

Chapter 2

05

空中飄揚的佛陀眞容

掛佛

掛佛是韓國獨特的佛教文化資產，它是可移動至法堂外的大型佛畫，在佛教重要的節慶法會中迎至戶外，所在之處便成為佛陀說法的聖殿，滿足大眾仰慕佛陀慈顏的心願，也帶給人們莊嚴殊勝的儀式感。

我佛滅度之後，眾生慕此佛而畫成，掛之於空中。常說佛事而利生也。

——朝鮮．凝庵堂希有撰，〈通度寺改成掛佛記〉

能在佛寺裡瞻仰掛佛，都是在特別的日子裡。掛佛平日捲收放在木櫃裡，只有遇到佛誕日、佛成道日，或舉行水陸法會、靈山齋、累七齋、菩薩戒等重要的法會時，才會請出掛佛。此時以隆重的儀式，將掛佛迎至設在大殿前庭已經布置好的佛壇中央，底端以粗繩固定在石造幢竿支柱後，再緩緩升起。當佛陀的真容漸漸飄揚在空中時，伴隨著微妙梵音，莊嚴的景觀與儀式感，令人感動不已。

為重要節慶儀式而繪的掛佛

掛佛可說是韓國獨特的佛教文化資產，目前在東亞地區，於佛教儀式中使用大型佛畫的，除韓國以外，就只有中國西藏雪頓節的曬佛儀式和日本的涅槃會，但日本涅槃會是在室內舉行，儀式畫的使用空間、作法、以及參與者與前兩者有些不同。在韓國，將莊嚴佛殿的掛軸式佛畫，稱為「幀畫」（탱 화，音 Taenghwa）[1]。依其用途可分兩類，一是掛在殿內佛壇佛像後壁的佛畫，稱為「後佛畫」、「後佛幀」或「後佛幀畫」；另一是用於戶外法會的「掛佛」，平均長七至八公尺，最長有超過十公尺，是可移動的大型佛畫。目前掛佛傳世作

掛佛是可移動的大型佛畫，做為戶外法會使用。（雙磎寺提供）

津寬寺舉行水陸法會時進行的掛佛移運儀式。（陳明華攝）

品近一百二十件，繪製年代從朝鮮十七世紀至二十世紀初期，題材有靈山會上圖、三身佛會、五佛會、釋迦佛圖、彌勒佛圖等，其中又以靈山會上圖數量最多。

幀畫可說是朝鮮後期佛畫的主流形式，選用掛軸式幀畫來莊嚴佛殿，有其背景。十六世紀朝鮮戰事頻起，全國各地佛寺幾乎都遭到戰火洗禮，嚴重損毀。重建時礙於財源捉襟見肘，規模皆較原來減縮，佛堂的莊嚴也多以幀畫配置。相較於繪製壁畫的繁瑣耗時，所費不貲，幀畫可減輕負擔，更具經濟效益。平時掛在壁面的幀畫，緊急情況時可取下保管；遇召開大型水陸法會時，佛殿空間窄小，不敷使用，這時在前庭或戶外空地設置佛壇（稱野壇法席），迎請掛佛主尊佛，便能成為臨時的法堂，容納更多的信眾參加法會。

源於宋「宣和裝」書畫裝潢

韓國掛佛的始繪年代，因無文獻可考，不得而知。不過，從一三一〇年金佑文所繪〈水月觀音圖〉（日本鏡神社藏，四一九點五×二五四點二公分）來看，高麗晚期佛畫的技術已相當純熟，臻於極高水準，並能製作三公尺以上的大幅掛軸畫。高麗宮廷內設有專司佛畫的內班從事官職或畫員，忠宣王時期有都染署、雜織署管理佛畫的織品，可知極為重視佛畫的繪製，並有完善的管理制度。

高麗佛畫的技法與畫風，與當時宋代院體畫風以及西夏藏傳佛畫有相當程度的連結；裱裝和繪製手法，亦與宣和裝、唐卡有不少相似之處。唐卡是在布或紙上圖繪的捲軸畫，約興起於七世紀左右，在十一世紀至十三世紀間流行於吐蕃、西夏等國家，是代表藏傳佛教的繪畫作品。謝繼勝著《西夏藏傳繪畫——黑水城出土西夏唐卡研究》中，指出西夏唐卡的裝裱方法和掛軸形式，與源於唐末至宋宣和年間（一一一九～一一二五年）的「宣和裝」書畫裝潢樣式有關，更早可能受到漢幡的影響。唐時的捲軸畫，主要指右側橫向收捲的捲軸，而豎向捲的捲軸稱為掛軸。掛軸至宋時發展完備，形成宣和裝樣式。唐卡

通度寺聖寶博物館舉行日本鏡神社藏高麗〈水月觀音圖〉特展。（陳明華攝）

的裱裝，基本上是模仿宣和裝樣式，畫心上下有綾隔水，然後在畫心四周鑲褐色小邊，再上鑲天頭、下鑲地頭，天頭上加貼驚燕[2]。

朝鮮時期幀畫的裱褙方式，與唐卡和宣和裝大同小異，唯畫心周圍大部分不鑲邊，隔水窄短不明顯，畫上端的天頭留有驚燕。不過，後來隨著裱裝的簡化，驚燕演變成以圖繪手法呈現，不再是活動式的垂帶，如一七〇〇年〈來蘇寺掛佛〉、一七五三年〈仙巖寺掛佛〉、一七九二年〈通度寺掛佛〉等，只繪有兩條象徵性的垂帶。

幀畫與唐卡的繪製過程

一九九三年間，筆者曾在首爾市西大門區太古宗總本山奉元寺，向無形文化財丹青匠李萬奉（一九一〇～二〇〇六年）學習傳統佛畫的繪製。透過實作與觀察，發現不論是畫布、顏料的選擇，或是繪製流程的起草本（白描的底稿）、裱框、上膠、打磨、描稿、裱褙、上色、勾勒、貼金，以及大量使用原色、平塗式著色法、重裝飾性的圖案技法等特徵，與唐卡確有不少雷同之處。

十一至十二世紀的藏傳唐卡，大多使用纖維堅韌的麻或絹為畫布，朝鮮幀畫也是以麻或羅絹為主。兩者在作繪前，都有處理畫布的程序。唐卡是在底布刷上一層膠脂，待乾後，用牛膠、水、白灰或石粉調成漿液，均勻平塗至畫布待稍有厚度，再用硬物打磨，使其纖維細密結實。上膠的材料，多用松脂攙和其他樹脂。

朝鮮幀畫的處理是先將纖維物整理乾淨，或以植物染成所需要的底色。次將底布繃緊固定於方形木框架上，用排筆蘸事先調製好的魚膠稀釋液刷勻，依需要分批多次上膠，稱為「阿膠泡水」。上膠風乾後拆下，在畫布上描繪底稿，再固定於木框或平板上，以薄紙裱褙後，利用瓷碗邊緣磨平表面，讓畫布平滑柔順。完成這些繁瑣的前置作業以後，才能進行著色階段。唐卡或幀畫處理底布的方法，都是為使畫布硬挺，作畫時可重複多次上色，讓色澤充分滲入纖維，甚至可從背面著色，表現出色彩豐富的層次感。

唐卡和幀畫都是以華麗的色彩取勝，輔以線條勾勒各種裝飾紋樣。善用朱紅、靛青、石綠等主要色系，多次上色後再裝飾圖紋，最後使用描金、堆金、貼金等技法，表現出優美精緻的風格。

如修苦行的幀畫工夫

佛寺幀畫的製作，從發起、籌備開始，到完成的入藏與開光等過程都有須遵循的規範、儀則和專責人員。朝鮮時代擔任幀畫的畫師，稱為畫員、金魚、片手、良工等，繪製方式是以「首畫僧」領導組成團隊，分工合繪，並形成師徒制的傳藝制度。此傳藝方式，雖然延續至

仙巖寺八相殿內懸掛莊嚴的〈華嚴經變相圖〉和〈八相圖〉。（陳明華攝）

今，但令人惋惜的是，目前正在逐漸凋零。一般來說，從入門拜師到出師，必須經歷至少十年的訓練，如苦行般的心志磨練，加上是份孤寂難熬的工作，多數半途而廢。

不過，也有意志堅定、一路走到底的人。筆者在奉元寺習畫時，有一位美國師兄伯瑞恩．貝利（Brian Barry，一九四五～二〇一六年），為人幽默風趣，說得一口道地流利的全羅南道地方方言，畫室有他，總是笑聲不斷。他最初在一九六七年隨美國青年和平志工團訪問韓國農村，活動結束後，返美完成大學學業。因念念不忘韓國，一九七〇年再度來韓，開始接觸佛教。沒想到喜歡上佛畫後，為專心作畫，毅然辭去當時在大企業的高薪工作。

剛入畫室時，伯瑞恩．貝利也是先從練習〈十王草〉白描

傳統佛畫藝師梁嬿希繪製掛佛。（鄭善熙攝）

始，對於一個從沒拿過毛筆的西方人，又得盤腿在地板上作畫，確實是不小的挑戰。好在他也認真完成千張白描，滿心歡喜地拿給萬奉法師看，然而法師只回答他：「很好，再畫一千張吧！」幸好，這句話沒讓他嚇到打退堂鼓，就這樣畫了三千張〈十王草〉。曾說佛畫是人生最愛的這位朋友，終生不婚，大半輩子住在韓國，翻譯佛書、畫佛畫，弘揚韓國佛教文化，直到去世為止。伯瑞恩師兄手執畫筆，細細琢磨出一生的修行志業，讓他道心堅定不退的，應就是為了親睹在空中飄揚，佛陀莊嚴的真容吧！

1 「幀畫」一詞，可見於《三國遺事》卷五〈感通第七．憬興遇聖〉中云：「所將杖子，在幀畫十一面圓通像前。」或《高麗史節要》卷十一，高麗毅宗二十年（一一六六年）王室為慶祝佛誕日，畫觀音四十幀的記載。

2 參照謝繼勝著《西夏藏傳繪畫——黑水城出土西夏唐卡研究》頁二九七至二九九。驚燕是從畫幅上方天頭垂下的兩條長帶，又稱經帶或風帶，輔助畫幅穩定，當綾帶隨風飄動時，拂蟲驚燕，亦可保持畫作清潔，為宋宣和裝的典型標誌之一。

展覽資訊

首爾龍山區國立中央博物館佛教繪畫展覽室，以及梁山通度寺聖寶博物館，兩處均設有掛佛特別展示廳，約每隔半年換檔，更新作品，有興趣者可前往觀賞。

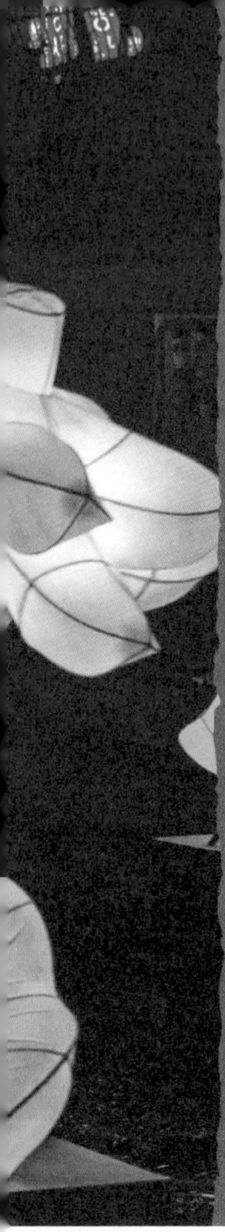

Chapter 2
06

燈火如星
普照佛誕

滿街璀璨的燈籠，照亮了首爾的夜晚，這是一年一度慶祝佛誕節燃燈會的盛況。韓國燃燈受漢地影響，統一新羅王室仿唐於上元燃燈祈福，佛誕日的燃燈則始於高麗後期，延續至朝鮮，形成了今日全民歡慶，別具特色的佛誕燈會。可說是佛教文化傳入朝鮮半島以後，落地生根，轉化成在地節慶的最佳例子。

每年的農曆四月八日是佛誕日，或稱初八日；與佛成道日（十二月八日）、出家日（二月八日）、涅槃日（二月十五日），稱為佛教四大節日，是韓國佛教一年當中最為重要的節慶[1]。佛誕日舉行的活動，多彩多姿，包括奉祝法會中的張揚掛佛、浴佛儀式，以及成為全國性節慶的燃燈會。從佛誕的前一個月開始，市內主要街道或佛寺內陸續張燈結綵，通宵燃

忠清南道瑞山市慶祝佛誕日的遊行。（Shutterstock／達志影像提供）

明，迎接佛陀的降生，稱為佛誕月。到四月八日的前一個週末，各地民眾提燈上街，遊行慶祝，其中又以首爾市曹溪寺前的遊行隊伍最為盛大熱烈，蔚為壯觀，吸引國內外人士爭相觀覽。

漢陽燈會歡慶佛誕

韓國佛誕日的燃燈習俗始於高麗後期，今首爾市（舊名漢陽）佛誕日所舉行燈會的歷史，是承繼朝鮮時期以來王都漢陽的燈會習俗。朝鮮立國以來，施行崇儒抑佛政策，對佛教多般牽制打壓，後期燕山君執政時期變本加厲，藐視僧人，摧毀佛寺；仁宗時更禁止僧人入京，唯在佛誕日解除通行禁令，可知漢陽佛誕燈會在抑佛的社會氛圍之下，仍受到民眾歡迎，依舊維持著它的輝煌歷史。

朝鮮後期文臣朴珪壽（一八〇七～一八七六年）著《瓛齋集》卷四云：「漢陽景物，當以燈市為最繁華。東國放燈，不以上元，而在四月八日。市舖閭閻，皆樹燈竿，森立如帆檣，風旗五色，悠揚蔽空。都人士女，雜沓通衢，東自興仁門外關帝廟，西南至蓉山麻湖，悉開燈市，往往陳列雜戲，絲竹嘲轟。」敘述漢陽燈會全國聞名，且是在佛誕日舉行，家家立燈竿，燈火如星，如不夜城，民眾結伴觀燈看戲，與上元嘉年華會無異。

首都以外，各地方也以佛誕燃燈為慶典，如在全羅北道是「全州四月雜花香，燈火家家似漢陽。拾翠佳人爭約伴，水頭屏帳賽龍王。州俗四月八日，設屏帳於水上，相與飲食遊嬉，以祭龍王云。」（金鍾正撰《雲溪漫稿》卷一），可知歡度佛誕燃燈會是全國性的節慶。

新羅王室仿唐燃燈祈福

在漢地元宵燈會的習俗，為何會成為朝鮮佛誕日的燃燈會呢？

燃燈又稱然燈、點燈、放燈、燒燈。燈常做為供養佛陀的資具，點燃燈燭時，破闇為明，喻為佛法或大智。如唐實叉難陀譯《華嚴經．入法界品》云：「善財然法燈，信炷慈悲油，念器功德光，滅除三毒暗。」對於點燈的功德與福報，佛經中敘述頗多。

有關佛教燃燈的來歷，依宋贊寧（九一九～一〇〇一年）撰《大宋僧史略》卷三〈上元放燈〉敘述，燃燈原是西漢祭五時神祠，通夜設燎的火供祭儀。佛教傳入後，東漢明帝下令燒燈，表佛法大明也。入唐後，以正月十五燃燈，開元二十八年時敕令常在二月望日燒燈。至宋太平興國六年，在下元日放燈為軍民祈福，供養天地辰象佛道，可知佛教在三元日和二月十五有燃燈放夜的習俗。

古代韓民族的原始信仰中早有拜火活動，燃燈習俗源起甚早。佛教傳入後，關於燃燈的記載，初見新羅景文王六年（八六六年），據《三國史記》卷十一〈新羅本紀〉

佛誕月街道上的花燈布置。（陳明華攝）

第十一云：「六年春正月十五日，幸皇龍寺看燈，仍賜燕百寮。」皇龍寺始建於真興王十四年（五五三年），規模宏大，寺中九層木塔是善德女王依慈藏法師進言所建，為新羅的護國大佛剎。景文王為新羅國第四十八代國王，在上元日行幸皇龍寺看燈，賜宴百官，可知新羅仿唐在正月十五點燈，但此時佛誕日的燃燈習俗應尚未形成。

統一新羅滅亡後建立的高麗王朝，沿襲唐代之風，主要在正月和二月十五燃燈，並在八關會、四月初八佛誕，以及國家重要行事時特別施行燃燈。其中，又以二月十五日佛涅槃日的燃燈最多，肅宗、睿宗、毅宗在位時期燃燈次數頻繁，燃燈目的是為祈禱國王長壽及祭祀歷代先王，可說是為王室成員所舉行的一種祈福追薦活動。由於重視燃燈，宮中設有造燈都監專司其職，除了燃燈之外，還祭祀天神。文宗時由闕庭至寺門，結綵棚做燈山，火樹光照如晝，鋪張華麗，極盡奢華。

高麗佛誕燃燈的緣起

高麗佛誕日燃燈的習俗，可見《高麗史節要》卷二十八記載：「國俗，以四月八日是釋迦生日，家家燃燈，群童剪紙，注竿為旗，周呼城中街里，求米布為其費，謂之呼旗。」可知四月八日，高麗百姓燃燈，慶祝佛陀誕生，孩童打著自製的旗幟，呼叫穿梭於巷弄募款。而在宮中，權臣崔瑀（？～一二四九年）燃燈結綵棚，陳伎樂百戲，徹夜為樂，耗費民脂民膏，侈靡無節，為後代朝鮮儒士所詬病。

有關高麗佛誕燃燈的來歷，朝鮮時代文獻有不同的說法。柳得恭（一七四八～一八〇七年）撰《京都雜志》主張從崔瑀執政時開始；李圭景（一七八八～一八六三年）《五洲衍文長箋散稿》謂是恭愍王（一三五一～一三七四年在位）時期，僧人辛旽（？～一三七一年）以四月初八日為佛生日，請國王在此日燃燈。不過，由於《高麗史》中有崔氏家族在佛誕日燃燈的記載，從年代上來看，崔氏家族執政的武人政權時期（一一七〇～一二七〇年）要早於恭愍王，因而佛誕日的燃燈，一般認為不晚於十三世紀中期左右，於佛誕日燃燈的背景，亦應與高麗王室崇尚佛教與道教有密切關係。

朝鮮佛誕贈豆結緣

朝鮮初期，主要在上元和四月初八佛誕施行燃燈，但屢受儒生排斥抵制，太祖十四年（一四一四年）朝廷下令以二月和十月舉行水陸法會，代替正月上元燃燈，廢除高麗以來所行正月和二月十五燃燈，以及八關會燃燈，故自

首爾市曹溪寺佛誕燈火通明，光輝燦爛。（陳明華攝）

一四一五年以後，實際上僅遺存佛誕日燃燈；國家不加嚴禁，但也不予以資助，形成由地方或佛寺自籌經費舉辦，百姓自發性參與的節慶日，佛誕燃燈因而得以延續至今。

朝鮮佛誕日的燃燈習俗，繼承高麗所沿襲唐代的遺風，大戶人家及官府市廛，樹立長竿，高者可達十餘丈，竿頭以雉尾、朱旄、彩旗、風磬裝飾。每竿掛二燈或三、四燈，點燃後夜晚閭井如白晝，至少持續三夜始罷休。除了形形色色精巧的花燈之外，還有鼓燈、影燈等，每家懸燈的數量，是依子女多少而定，以明亮為大吉。此外，覆瓢匏於水盆中，孩童輪流扣擊以為樂，稱為「水缶」、「水鼓」。飲食方面，摘取榆樹嫩葉蒸成糕餅，三三五五會飲燈樹下；或是煮黑豆拌少許鹽，相互饋遺，稱為「結緣」[2]。而原在漢地的元宵燈會，因在朝鮮時期被廢，目前正月十五日僅遺有吃糯米飯的習俗[3]。

今日韓國的佛誕日燈會，雖是來自於佛教節日，但節慶已融入其他宗教和民俗文化，涵蓋的內容與意義早已超越宗教的藩籬，發展成為傳統文化的一環，可說是佛教文化傳入朝鮮半島以後，落地生根轉化成在地節慶的例子。因具有高度的歷史文化價值，已被指定為國家無形文化遺產，加以保存研究，並定為國定假日，冀透過民眾的持續參與，傳承發揚光大。

1

韓國佛誕日做為國定假日，是一九七五年經朴正熙大統領頒令施行，當時使用漢文「釋迦誕辰日」名稱，但由於「釋迦」含有印度釋迦部族的意思，無法體現韓國本土佛誕的意義，經佛教界不斷建議，終於經二〇一七年國務會議議決通過，改成韓文的「부처님 오신 날」，意為「佛陀降生日」。

2

此習俗來自漢地，朝鮮文人李學逵（一七七〇～一八三五年）撰《洛下生集》釋煮豆習俗，曰：「四月八日各家蒸熟黑大豆，老少皆啖之，其俗本出燕京。劉侗帝京景物略，八日捨豆兒，曰結緣。先是，拈豆念佛。一豆佛號一聲，有念豆至石者。至日熟豆，人偏捨之。其人亦一念佛，啖一豆。凡婦不答於夫，姑婢妾擯於主及姥者，則自咎曰，前世不捨豆兒，不結得人緣也。蓋八日燃燈，供佛也，啖豆亦以念佛也，今遂不知其義，直以為時食爾。」

3

正月十五日吃糯米飯的風俗，來歷久遠，《三國遺事》卷一紀異〈射琴匣條〉載，新羅炤知王（四七九～五〇〇年在位）因得到烏鴉的幫助，免於死難，國家每年在正月十五日以糯米飯祭祀，稱此日為烏忌日或怛忉。在這一天，韓國人會將糯米蒸熟，拌以大棗、栗子、醬油、油、蜜汁，做成「藥飯」食用。「藥飯」類似八寶糯米飯，語源來自「醫食同源」的養生思想。

Chapter 2
07

展現藝術文化的水陸齋

韓國水陸齋以三和寺、津寬寺、白雲寺等為代表，每年一到秋天是舉行水陸齋的季節，浸潤在別具特色的「五感」儀式氛圍中，攝受正法，也讓許多人得到心理的慰藉。水陸齋所傳承的有形、無形文化資產，繽紛多彩，可說是一個結合各種文化藝術的綜合體。

秋天是收穫的季節，也是節慶的季節，各地繽紛熱鬧的活動蓄勢待發，人們躍躍欲試，期待分享節慶的歡樂。入秋後佛教也有重要行事，即舉行水陸法會，水陸法會在韓國稱水陸齋，是為追薦祖先冥福、普度拔濟六道眾生、祈福國泰民安所設辦的儀式，以舉行日數、規模來說，是佛教最為隆重盛大的儀式。

自漢地傳入的韓國水陸齋，由來久遠，但始發於何時，已難以考證。若依文獻記載，應不晚於高麗初，《高麗史》卷二載，太祖二十三年（九四〇年）修建新興寺，設無遮大會；光宗（九四九～九七五年在位）時設無遮水陸會於歸法寺，施食供僧；宣宗七年（一〇九〇年）派知太史局事崔士謙入宋，求取水陸儀文，興建普濟寺水陸堂，由此推測水陸齋於高麗時期應已普遍施行。

民間規模最大的薦度亡魂儀式

朝鮮建國後，崇儒抑佛，以耗費國帑，浚民膏血為由，廢除高麗以來盛行的八關齋、燃燈等多種佛教儀式，唯有水陸齋，直到十六世紀被廢之前，仍然受到國家、王室的認可，經常性召開。

開國君主李成桂即位不久，於太祖四年（一三九五年），在三和寺、見巖寺、觀音窟等，設置國行水陸大齋，薦度前朝亡國的恭讓王、戰亡無主孤魂，並令每歲春、冬實施。十六世紀朝廷廢止國行水陸齋後，水陸齋轉向民間，在儒教主張慎終追遠與重視喪祭儀禮的氛圍之下，佛教的「事佛求福」與儒教「報本追遠」理念相互結合，水陸齋成為民間規模最大的薦度亡魂儀式。

水陸齋儀本為重要文獻

朝鮮後期為因應水陸齋的舉行，各地寺院刊印不少儀式集，這些儀式集成為考察今日韓國水陸齋的重要文獻。如於十五至十六世紀刊行的《水陸無遮平等齋儀撮要》（又稱《結手文》）、《法界聖凡水陸勝會修齋儀軌》、《真言勸供》、《請文》、《天地冥陽水陸雜文》、《天地冥陽水陸齋儀纂要》（又稱《中禮文》）、《天地冥陽水陸齋儀》、《仔夔刪補文》；十七至十九世紀刊行的《水陸儀文撮要》、清虛休靜編《雲水壇謌詞》、《仔夔文節次條例》、《天地冥陽水陸齋儀梵音刪補集》、《作法節次》、《作法龜鑑》等。其中，《結手文》、《中禮文》、《志磐文》成為朝鮮後期主要的水陸齋儀本。

從儀文集的類別來看，傳入朝鮮半島的水陸儀文，大致上來自兩個系統，一是北宋楊諤編《天地冥陽水陸儀文》（或署名金代仔夔編《天地冥陽水陸儀文》），另一是十三世紀後流傳的北宋志磐編《法界聖凡水陸勝會修齋儀軌》，此兩類即俗稱的《仔夔文》和《志磬文》。不過，朝鮮時期所流通的《志磬文》，底本來自一三四二年高麗僧人竹菴編《天地冥陽水陸齋儀纂要》。此儀式集則是來自北宋楊諤、金代仔夔的《天地冥陽水陸儀文》。故朝鮮的《志磬文》在內容或架構上，與後來明代雲棲袾宏補儀的《法界聖凡水陸勝會修齋儀軌》並不相同，所述的儀軌次第與北水陸文本較為相似。

進入二十世紀後，日本強占朝鮮，一九一一年頒布《朝鮮寺刹令》，廢止和請、法鼓舞、鈸鑼舞等梵唄和作法舞，水陸齋一時中斷。一九四五年光復，教界處於調息整頓期間，無暇顧及，至一九六二年政府制定《文化財管理法》，一九七三年指定「靈山齋」為無形文化財第五十號（後在二〇〇九年登錄為世界文化遺產），太古宗、法華宗等率先傳授正規水陸齋梵唄作法[1]。此時期太古宗魚山魚丈松岩（一九一五～二〇〇〇年），和活躍於全羅道一帶的李一鷹（一九二〇～二〇〇三年），都是梵唄造詣深厚的人間文化財，後金春明編、德雲寫《水陸儀文》（全北佛教聯合會出版，一九八八年），即是據李一鷹進行的水陸齋次第編成，為九〇年代以後，全國水陸齋常用的儀式文。

傳統水陸齋儀式的活化再生

二〇一三年，政府指定江原道東

海市三和寺、首爾市津寬寺、南部地區等三處水陸齋為國家無形文化財。南部地區指慶尚道、全羅道一帶所保存的水陸齋，以昌原市馬山合浦區白雲寺為傳承佛寺。這三處佛寺擔任保存演示水陸齋儀式，以及促進傳統儀式的活化再生。

民間和宗團研究機構方面，二〇一〇年「魚山作法保存會」成立，二〇一一年曹溪宗負責儀禮的僧眾與學界人士，共同運營「韓國佛教儀禮文化研究所」，進行有關梵唄、儀式作法、道場莊嚴等的研究、改良。二〇一六年十二月，法鼓山果慨法師、常智法師曾應邀擔任講座，分享法鼓山大悲心水陸法會的成果，掀起極大的回響。此外，二〇二一年三和寺將漢文儀式

津寬寺是朝鮮王室施行累七齋的佛寺。（陳明華攝）

集翻譯成韓文解說本，向大眾積極推廣對佛教儀式的認識。

做為韓國水陸齋代表的三和寺、津寬寺、白雲寺等，為配合現代人的生活作息，選在每年十月的週末日施行一年一度的水陸齋。頭陀山三和寺是朝鮮最初施行國行水陸大齋的佛寺，對外儀式共三天，第一天為法要式、侍輦、對靈、掛佛移運、造錢點眼、灑水結界、使者壇；第二天為五路壇、上壇、獻茶禮、說法、中壇；第三天為放生、下壇、奉送迴向。

首爾三角山津寬寺的「國行水陸齋」，緣起於一三九七年朝鮮太祖下令，為殞命戰場無主祀的孤魂所建追薦祖先冥福、利益群生的水陸道場[2]，後因近首都漢城，成為王室薦度先王累七齋的佛寺，因此津寬寺水陸齋傳承自朝鮮時代的七七齋儀式。從入齋開始，初齋（頭七）至七齋（尾七）四十九天，其中七齋最為盛大，分晝夜兩天進行，第一天儀式包括侍輦、對靈、灌浴、神眾作法、掛佛移運、靈山作法、法門（說法）；第二天為水陸緣起、使者壇、五路壇、召請上中下三壇、上壇勸供、中壇勸供、下壇施食、奉送迴向等，齋後分送信眾七七斛、水陸果。

從所使用儀文來看，三和寺水陸齋為《中禮文》（《天地冥陽水陸齋儀纂要》），津寬寺和白雲寺屬於《結手文》（《水陸無遮平等齋儀撮要》）系統，儀式結構大同小異，但各有特色。民俗學者洪泰漢

津寬寺水陸齋中壇莊嚴的陳設。（陳明華攝）

指出，津寬寺在設會因由「水陸緣起」一部分，講述經說阿難施食餓鬼緣起，強調佛寺奉行水陸齋的正當性；三和寺地緣上靠近海邊，進行「放生」，表現尊重萬物生靈；白雲寺鄉土色彩濃厚，融合地方民俗文化，屬於普化的民間水陸齋，透過外對靈、靈飯、上祝等節次，契合大眾的心理。

藝術文化的綜合體

韓國水陸齋所呈現的是莊嚴殊勝的宗教儀式，但涵蓋音樂、舞蹈、繪畫、工藝、飲食等多種元素，可說是一個融合有形、無形藝術文化的綜合體。音樂部分如梵唄、歌詠、傳統樂器演奏；作法舞如

三和寺在對靈節次中進行的鈸鑼舞。（陳明華攝）

鈸鑼舞、蝶舞、法鼓舞；繪畫如掛佛、中下壇幀畫；工藝如僧著服、幡繡、壇位莊嚴、供花、紙花、牌位、輦轎、龍船等；飲食如供齋、茶禮、供品物烹煮和陳設等。水陸齋透過這些元素完整的呈現出來，反過來說沒有這些構件，水陸齋也無法啟建，這就是為何水陸齋需動員眾多人和物力的原因，也因如此，在隆重的宗教氛圍之下，可以感受到其中深厚的人文底蘊。

特別是韓國的水陸齋，仍保有相當多音樂和舞蹈的作法，能存留至今，要歸功長久以來，僧人的傳承相授。水陸齋中魚山法師以精湛的梵唄，除了讓大眾透過宗教儀式聽覺、視覺等五種感官的洗禮，攝受正法，獲得心理的療癒以外，同時也肩負傳承文化遺產的使命，最終讓佛教儀式作法在韓國的傳統藝術之中占有重要的地位。

1 目前所傳承梵唄，有首爾京畿一帶的京制梵唄、全羅道的完制梵唄、慶尚道嶺制梵唄等不同流派，梵唄的唱法，各地不同，一般人不易分辨。又，「魚山魚丈」是對梵唄作法僧人所賦予最高地位的頭銜，曹溪宗宗團任命的「魚山魚丈」有東洲元明、仁默法師，以及法眼、東煥法師等「魚山宗匠」。

2 見高麗．權近（一三五二～一四〇九年）《陽村集》之〈津寬寺水陸社造成記〉：「又念臣民或死王事，或自殞命，而無主祀，飢餓顛隮於冥冥之中而莫之救，予甚愍焉。欲於古剎，為建水陸道場，歲設以追祖宗冥福，且利群生，爾往相之。越三日丁丑，得芬等與書雲觀臣尚忠，陽建沙門志祥等，相自三角山至道峯山，復命曰：『諸剎不若津寬寺之勝』，於是上令置道場於是寺。」

Chapter 2
08

陳藏得眞味

佛寺泡菜（辛奇）

一提到韓國飲食，馬上會令人想到辛奇，辛奇是韓國最具特色的飲食文化之一，也是韓國佛寺最具代表性的飲食，長久以來佛寺摘取山林中豐富的食材，使用天然調料，研發出菜類的醃漬技術，而後民間深受影響隨之跟進。佛寺製作辛奇追求食材原味，樸實無華，卻能讓人細細咀嚼出深邃的真味。

二〇一八年兩次的南北韓高峰會中，北韓積極向國際媒體推薦的大同江玉流館冷麵，受到高度關注，一時造成民眾品嘗冷麵的熱潮。不過，南韓訪問團團員接受採訪時，談到會議飲食中最念念不忘的不是冷麵，而是北韓的辛奇[1]。

無「辛奇」不歡的韓國飲食

辛奇是韓國人每頓餐食中不可缺少的基本菜餚，總是要擺上一、兩道辛奇，才能下飯。韓國人擅長醃製各種辛奇，喜愛辛奇的程度，稱韓國是「辛奇的民族」也不為過。無庸置疑，兩韓的會議桌上縱使存在著同床異夢的政治意識型態，餐桌上的一小碟辛奇卻能博得民族情感的認同。

韓國人的飲食，主要是由飯、湯、辛奇、主菜組成，傳統的「三碟飯床」，是以飯、湯、辛奇、醬油為基本菜餚，另配上生菜、熟菜、烤物或紅燒等三道料理。其中，飯和湯不能是涼的，再怎麼偷懶，早上的飯和湯一定是要熱騰騰的，家中也經常備有幾種辛奇，做為基本小菜。

朝鮮半島處於四季分明的溫帶地區，山林占領土百分之七十，因而食材極為豐富。隨著季節交迭，各種蔬菜種類繁多，山林中自然生長的野菜和菇類容易取得。各季節收成含有豐富維生素和大量纖維質的新鮮蔬菜，不是拿來熱炒，而是生食，或汆燙涼拌，或做成辛奇，做為每頓餐食的基本菜餚。也因為這樣的飲食習慣，菜類的醃漬加工技術極為發達。

有一回，筆者和同校的日本教授一起在超市買菜，她指著陳列架上的各種菜類說，有很多在日本沒見過，也不知道買回去要如何料理。比起日本人，韓國人似乎食用更多的菜類，比如用各種生菜包著食物一起吃，而餐桌上以小碟盛裝的各類拌菜和辛奇，也非常豐盛。

紅通通的辛奇成主流

雖然各地方醃製的辛奇口味各異，但目前辛奇的醃料中放入很多辣椒粉和調料，卻是不爭的事實。或說是因為經濟愈是不景氣，生活壓力愈大，人們愈偏愛口味重的食物。不過，韓國種植的紅辣椒不如朝天椒嗆辣，雖然看起來一片通紅，吃起來卻不會太辣。

韓國以辣椒粉醃製辛奇的歷史，約近三百年。辣椒粉傳入之前，主要是用鹽、醋或醬類醃製的菹菜類。《高麗史》卷六十〈禮制〉中記載，祭祀時準備韮菹、青菹、芹菹、筍菹四種菹菜類，或如高麗文人李奎報（一一六八～一二四一年）撰《東國李相國集》詠「菁」詩云：「得醬尤宜三夏食，漬鹽堪備九冬支，根蟠地底差肥大，最好霜刀截似梨。」可知高麗時期，夏季用醬醃蕪菁醬菜（蕪菁俗稱大頭菜，常食用橢圓形根部），準備過冬食用的是以鹽漬儲存。故今日寺院裡的辛奇，仍以傳統的鹽漬和醬類製品為多，辛奇的辣椒粉也比民間要少放許多。

辣椒粉的傳入時期，因各文獻記載不同，至今尚無定論。但應在壬辰倭亂之前，已進入朝鮮半島，傳來途徑有來自北方和南方兩種說法。朝鮮文人李睟光（一五六三～一六二八年）於一六一四年成書的《芝峰類說》卷二十內已見關於辣椒的介紹，提到：「南蠻椒，有大毒，始自倭國來，故俗呼倭芥子。往往種之酒家，利其猛烈，或和燒酒以市之，飲者多死。」依此來看，至遲十七世紀初朝鮮半島應已栽種辣椒，在酒家販賣，但民眾還未普遍食用。

而將辣椒粉用於醃漬菜類的紀錄，則出現於一七六六年太醫院內醫柳重臨（一七〇五～一七七一年）修訂的《增補山林經濟》，十八世紀末開始使用辣椒粉醃製辛奇的背景，據說是因為當時缺乏鹽，求得不易，故以辣椒粉替代。沒想到以辣椒粉醃製的辛奇，逐漸發展形成主流醃漬物，受到大眾喜愛。至今，不分男女老幼、貧富貴賤，不論家常便飯或奢華宴會，紅色的辛奇已成為餐桌上必備的基本菜餚。

受佛寺影響的飲食文化

辛奇與醬類可說是佛寺最具代表性的飲食，同時也是韓國最具特色的飲食文化，可知民間飲食受到佛寺的影響很深。通常在佛寺內的角落都可以看到成排成列的醬缸，裡面存放著辛奇或是大豆醬、辣椒醬、醬油等。辛奇與醬類都是經長時間發酵熟成的食物，但並不是所有的辛奇都經過長時間發酵。韓國人所說的辛奇，其涵義與作法是極為廣泛的，包括現拌現吃，或一、兩週內吃完的辛奇，或不加太多醃料，醃漬放多年，所謂的陳年酸辛奇。

山中佛寺因周邊山林食材豐富，比一般家

釜山梵魚寺大眾合力醃製過冬辛奇。（李修安攝）

庭醃製的種類多，製作的辛奇可多達五十種，最常使用的是大白菜、白蘿蔔，此外還有苦菜、茄子、芥菜、東風菜、野生芹菜等。相較於民間辛奇用鮑魚、牡蠣、魚蝦醬等來提味，佛寺醃料中不放魚蝦醬，以及五辛類的蔥、蒜、韮菜等，通常僅以鹽、辣椒、薑調味，或從梨、昆布、香菇、白蘿蔔等中萃取，做成天然調料使用。加上佛寺醬類通常有代代相傳獨家的祕方，更是增加醃菜風味的一大功臣。為保存食材營養成分及發揮原有風味，佛寺在研發醃漬菜類的技術上，可以說是遠遠超過民間。

每年十一月底前後，是醃製過冬辛奇的期間，這種可儲存五、六個月，準備在冬春之際食用的辛奇，朝鮮時代的文獻稱為「陳藏」或「沈藏」，是佛寺在冬天裡最重要的副食。特別是處於深山僻壤的佛寺，冬季山林道路經常被大雪斷絕，在入冬安居之前，更需事先準備好辛奇、醬類，以及取暖的木柴，來度過寒冬。醃製時，僧眾合力完成，五、六百顆的辛奇堆積如山，真是壯觀，除了自食以外，也分送給需要的民眾，洋溢著濃厚的人情味。

佛寺辛奇中，筆者覺得最為美味的，莫過於過冬前所醃漬的鹽水白蘿蔔。從冰天雪地山寺的地窖裡取出時，上面還結著晶瑩剔透的薄冰，坐在暖暖的炕上，先舀一口湯汁喝，沁人心脾，再夾一塊蘿蔔，清脆爽口，不過是樸實無華的辛奇，不知為何能咀嚼出那樣深邃的真味，令人難以忘懷。

感恩惜物的精神

佛教的飲食來自其義理，食物的攝取是做為維持修行所需，非俗世所追求的豐盛與色香味俱全，和民眾的日常飲食不同。禪宗以「一日不作，一日不食」的勞動綱常，倡導親身務農，自給自足的精神，也給佛寺飲食帶來了節制與樸實的特色。

新羅元曉大師（六一七～六八六年）於《發心修行章》說：「拜膝如冰，無戀火心，餓腸如切，無求食念。忽至百年，云何不學，一生幾何，不修放逸。」述說求法若渴，對飲食的無所要求。

知虛法師所撰（生年不詳）《禪房日記》，是一九七〇年代法師在江原道五臺山上院寺冬安居的紀錄，日記中提到修行是和欲望的搏鬥，出家人命中註定是「三不足」，即食不足、衣不足和睡不足，經常得承受這三種考驗。但這並非意味出家人必須完全斷絕食欲，畢竟吃還是人類最基本的本能，色身也是修行的道器，尤其在嚴冬的上院寺，通常下午五點過堂後，不到十二點就會飢腸轆轆，等到第二天早上熬得稀爛的白粥，配上辛奇，真是入口香甜，暖意直上心頭。

在韓國體驗過佛寺過堂的人，都知道不要急著吃完辛奇，留下一小塊，用來擦拭碗內殘渣，再乾淨地吃完最後一口。佛教飲食傳遞給人們的意涵，便是凡能吃的都不可以浪費，剩餘的殘渣也要想辦法物盡其用。像做過冬辛奇時，把撿剩不用的菜葉梗，曬成乾菜，在冬季青菜缺乏之時，拿來拌成小菜或煮成豆醬湯。

或春天過後，菜園裡的嫩萵苣菜葉陸續摘完以後，莖梗漸粗，農家一般多廢棄或拔除，但是佛寺的法師還可以拿來醃製

健康美味的齋飯，最近受到大眾歡迎，此為首爾津寬寺供應的齋飯。（陳明華攝）

成辛奇。放下對物質的執著，珍惜大自然毫無保留所施予我們的食物，是佛教所倡導的飲食哲學，在佛寺品嘗出的辛奇真味，或許就是由此而來的吧！

1 「辛奇」為韓文「김치」的中譯詞，出現的背景起因於中國和韓國社交媒體間，對於「김치」起源地的論爭，為明確傳達韓國傳統食品的主體性，二〇二一年七月二十二日韓國文化體育觀光部公告使用「辛奇」，以與中文的「泡菜」有所區別。關於「김치」，朝鮮時代文獻中所使用的漢文有「沈菜」、「陳藏」、「菹」等。

韓國佛寺飲食文化體驗館

- 地址：
  首爾市鐘路區栗谷路三十九號，
  安國大樓新館二樓（安國站一號出口）
- 網站：
  http://edu.koreatemplefood.com/

Chapter 2
09

寂寥的幽默美學

被認為民族性強悍堅韌的韓國人，其實有著樂天知命柔性的一面，高裕燮以「寂寥的幽默」、「非均齊性」、「無關心性」，娓娓道來韓國文化中所散發出的詼諧美學觀。高麗末、朝鮮時代，詼諧美學成為宣洩民眾苦悶的出口，佛教藝術亦以隱喻、變形等手法，表現純真可愛、令人莞爾一笑，關愛人世間情懷的豐沛幽默感。

佛寺是佛之家，真理之堂，也是僧眾共修的清淨地，巍峨壯觀的大雄殿，莊嚴肅穆的佛像，往往給人凜然不可犯的印象，因此佛教藝術似乎與詼諧幽默（Humour），有些距離感。不過，當你在韓國佛寺天王門，看到原本應英勇威武的四大天王像，卻有些如動漫造型般詼諧可愛，心中不免質疑：韓國真的是一個民族性強悍的國家嗎？再看看洗手間，掛上「解憂所」牌子，更不禁莞爾而笑，原來韓民族也有樂天知命、柔性的一面。

佛教其實是非常貼切人性的宗教，例如禪宗在修行方法上，便常運用各種隱喻幽默的話頭，給人當頭棒喝。朝鮮中期僧人震默（一五六二～一六三三年）有位姊姊，每次來到佛寺，總是不認真修行，還仗著弟弟在佛寺的地位，有恃無恐。震默雖多次勸誡，她反逞口舌之能，大言不慚：「老弟是大和尚，我總不會下地獄吧。」震默忍無可忍，一天獨自用餐，不為她備飯。等不到飯，姊姊便去找他理論，震默裝糊塗地說：「我吃了，你肚子沒飽嗎？」此時姊姊才意會過來，從此不敢懈怠修行了。

高裕燮「寂寥的幽默」美學

說到韓國美學論中的詼諧觀，不能不提近代韓國美學的先驅者——又玄高裕燮（一九〇五～一九四四年），他出生於仁川，幼時在私塾學習四書五經，後入普成高等普通學校，在校期間參加抗日活動，表現出強烈的愛國心。一九二七年考入京城帝國大學哲學系，開始接觸西方美學理論，並鑽研朝鮮美術史與美學，同時活躍於朝鮮文藝社團。畢業論文研究的是十九世紀德國美學家康拉德·費得勒（Konrad Fiedler，一八四一～一八九五年）的美學思想。

高裕燮畢業後留校服務，在美術研究所協助調查古代文物。一九三三年，被聘任為開城府立博物館館長一職，任職期間完成其一生重要的論著。高裕燮雖熟稔西方的美學理論，卻是首位以本國人的觀點，探索韓國美學範疇及其價值所在的美學家，這是前人所未曾採用的研究方式，可說是開拓韓國美學學術領域的先驅者，著有《朝鮮塔婆的研究》、《韓國美術史及美學論考》、《朝鮮畫論集成》、《韓國美術文化史論叢》等。

高裕燮的韓國美學觀點，可扼要歸納是「質樸的美學風格」，他運用「無技巧的技巧」、「無計畫的計畫」、「民藝的」、「寂照美」、「香氣四溢」等獨特的詞彙，闡述韓國的美學是與生活、宗教、信仰水乳交融，不可分離的。這些觀點影響後進的學者至為深遠，如趙要翰（一九二六～二○○二年）以高裕燮的思想為基礎，提出「古拙的美學」，對韓國美學進行精闢的剖析，完成韓國美學的理論架構。

詼諧更多的是自我嘲解和關愛

高裕燮所論述的寂寥的幽默、非均齊性、無關心性（無心）等韓國美學特性，娓娓道出韓民族文化內涵中所具有的詼諧美學觀。詼諧在西方美學中屬喜劇的範疇，一般對「詼諧」的認知，雖含有隱喻、反諷、無厘頭的意味，但大都是令人感覺到滑稽、風趣、幽默，及可笑的言語、行為、表演或視覺的圖形。詼諧雖是人的本能，不過詼諧不同於譏諷，對於對象沒有藐視的意圖，有的是更多的自我嘲解、同病相憐和關愛的情懷。

從美學的觀點上來說，詼諧是當主觀的審美期待，與現實產生極大的矛盾與落差時，無法期待的心理能量達到高漲時所宣洩出的快感，可以說是在現實與理想的矛盾當中所產生的一種心理對應機制。詼諧的快感可以填補人對現實缺陷的不滿，當世事盡不如人意時，就在苦悶當中尋求樂趣，自我療癒。

特別是佛教發展至高麗末、朝鮮時代，隨著信仰生活的深植民間，以佛寺為基地發展生成的佛教藝術中的詼諧美學，成為宣洩民眾心中苦悶的出口。在佛教教義的基礎上，佛寺的各角落，不難發現以隱喻、變形、置換等手法，不經意地流露出關愛世間情懷的幽默感。

老實守護道場，不必陰森嚇人

天王門或金剛門內的四大天王像

和金剛力士，是佛教最常見的護法神將，天王門四天王像手中各有刀、龍、塔、摩尼寶珠、三叉戟、琵琶等持物，威武地鎮守伽藍。金剛門內則挺立降伏外道妖魔，怒目猙獰的那羅延金剛、密跡金剛，朝山者進入佛寺經過這兩道門，都要合掌行半拜禮。

但天王像未必要雄壯威武，江原道壽陀寺鳳凰門西方廣目天王像，揚眉吐氣，瞪目抿嘴，手中纏龍，像是村中剛正不阿的長者，毫不陰森嚇人。可親的相貌，與全羅南道羅州佛會寺入口的兩尊長丞，可以稱兄道弟了。長丞為一種民間信仰，通常立於村口或道路

佇立於佛會寺入口的長丞唐將軍（左），與露出靦腆笑容的周將軍（右）。（陳明華攝）

旁，是保佑村莊安寧的民俗神祇。此兩尊長丞石像相向，分為唐將軍、周將軍，當地人稱老爺爺、老奶奶，唐將軍雙目突出，粗鼻大口，蓄留長鬚；周將軍五官略同，露出靦腆的笑容，滑稽誇張的表情，與壽陀寺的天王像互相呼應。

通常天王像腳下都踩踏罪業深重鬼魅，百鬼眾魅原應嚇人魂魄，但是忠清南道公州市甲寺東方持國天王像腳下所踩的人物，尖耳豐頰，瞪眼吐舌，像是在扮鬼臉作怪；也有的天王像踏踩的是地方上的貪官汙吏，或是作惡多端的壞人，如同是要替百姓出一口怨氣。

而慶尚南道河東郡雙磎寺的金剛力士很特別，金剛勇猛有力，左手持金剛杵，右手抬起擋住胸前，似在防禦對手攻擊，加上露出一排潔白的牙齒，無心的表情，令人拍案叫絕。全羅南道海南郡美黃寺的金剛力士，則短小精悍，如人見人愛的公仔人形。

超萌的變形雕像

壽陀寺是一座清新脫俗、優美的佛寺，樸質的伽藍呈現豐富又有層次感的詼諧美。尤其大寂光殿的木作雕刻，被公認是朝鮮木雕的傑作。佛壇上方的華龕結構精美，飛檐兩側垂吊一對木刻彩繪迦陵頻伽和飛天像，龕下樓閣欄杆，繁花似錦，五彩繽紛，表現出佛陀說

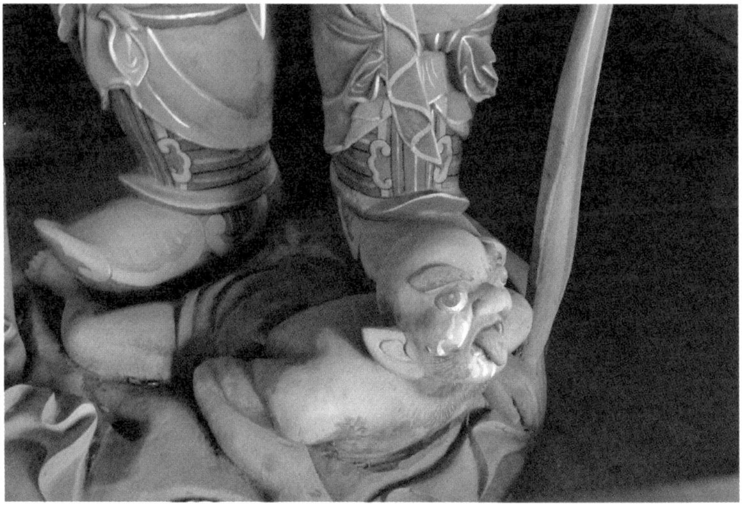

上／美黃寺金剛力士如人見人愛的公仔人形。（陳明華攝）
下／甲寺東方持國天王像腳下踏踩人物，尖耳豐頰，瞪眼吐舌，表現出詼諧的表情。（陳明華攝）

法時，雨花動地，放光顯瑞相。迦陵頻伽鳴唱妙聲，展翅欲飛，圖形化的方形翅膀，與身材臃腫、表情若有所思，穿著朝鮮婦女服飾的飛天，形成極為有趣的對比。

壽陀寺的木魚也吸人眼目，木魚和梵鐘、法鼓、雲板被稱為佛門四物法器，其中木魚的造形變化多端，甚是有趣。由於魚日夜不合目，經常醒著，故刻木為魚，時時敲擊，用以警惕修行者切莫有昏惰之心。

京畿道普光寺的木魚，頭化為龍首形像，深額突目，口中銜寶珠，魚身飛躍，動感十足。而壽陀寺的木魚，龍首特徵不明顯，漆成藍色的龍口，齜牙咧嘴的模樣，可說是超萌的動漫造型。

壽陀寺大寂光殿內的木雕迦陵頻伽和飛天像，形成極為有趣的對比。（陳明華攝）

妙相莊嚴不是唯一的選擇

而變形的佛像，也有例作，如忠清南道論山開泰寺址大殿安奉的石造如來三尊造像（詳見本書頁二四三），中尊佛像偏袒右肩，面龐豐圓，人中短小，耳厚及肩，體型相貌奇特，尤其兩掌碩大無比如戴著手套，與佛教造像儀軌要求的「三十二相」、「八十種好」的妙相莊嚴，有極大的落差。此佛寺是高麗太祖王建滅亡後百濟後為安撫百濟遺民，下令所興建的寺院，落成時頒詔親書《華嚴法會疏》，祈福國土統一，國泰民安。然屬於國家級寺院的佛像，卻是樸拙無華，充滿濃厚的庶民鄉土色彩。

高麗時代地方上所塑造的佛像，亦不乏與造像儀軌背道而馳，顯現出奇特的造像樣式，如忠州彌勒里石造如來立像、唐津安國寺址三尊石像、論山灌燭寺石造彌勒像等，這些佛像頭長身短，或頭短身細長，戴方形高帽，眼角拉長，嘴型奇特或歪斜，衣紋線條生澀，率真詼諧的地方色彩風格，與中央所崇尚華麗優雅的審美情趣，形成強烈對比。

朝鮮時代的佛像，則帶有匠師個人的風格，如京畿道楊州普光寺大雄殿十七世紀初期由玄真等作木造釋迦如來三尊佛像，頸部特別短小，佛身不似一般佛像高大英挺，且上半身向前微傾，自肩部身形所呈現的線條，柔和流暢，給人非常親近的感覺。

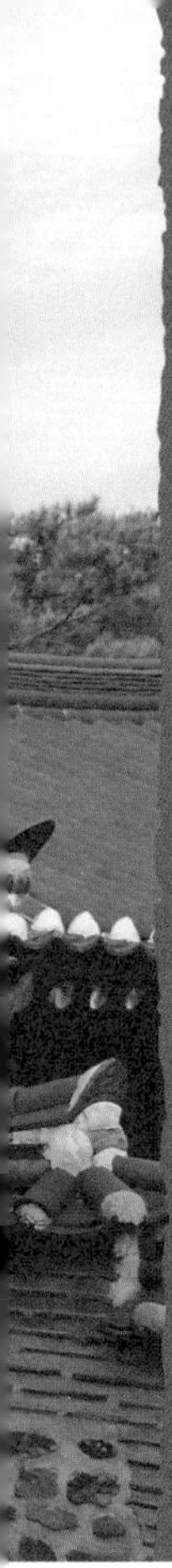

Chapter 2

10

永續不斷的
山寺禪修

禪宗進入朝鮮半島，始於新羅道義祖師播下禪法種籽，傳至高麗普照國師在松廣寺號召定慧結社，加以發揚光大，輩出十六位國師，奠定松廣寺成為僧寶寺地位，「山寺禪修」和看話禪，也成為韓國佛教禪修的特色。各地禪院是叢林禪修場所，維繫著禪的法脈與精神，而封山隱遁修行的鳳巖寺，更是韓國修禪者的朝山聖地。

八二一年新羅道義祖師自唐歸國，播下禪法的種籽，從此開啟了韓國禪的歷史，後經歷代禪門祖師以心傳心，傳燈相承，於二〇二一年屆滿一千兩百年。千餘年來在韓國禪宗的發展史上，道義祖師是繼

曹溪山大乘禪宗松廣寺山門匾額。（陳明華攝）

承南宗頓悟禪正宗法脈的「海東達摩」，承載著六祖惠能（六三八～七一三年）、南嶽懷讓（六七七～七四四年）、馬祖道一（七〇九～七八八年）、西堂智藏（七三八～八一七年）等祖師一脈相傳的衣缽，因而被尊為是今日曹溪宗的開宗祖師，每年農曆五月均以茶禮奉祀追思。

韓國禪的濫觴

道義生年不詳，依成書於九五二年，南唐泉州招慶寺靜、筠二禪德編著《祖堂集》卷第十七〈雪嶽陳田寺元寂禪師〉載，北漢郡人，出家後於新羅宣德王五年（七八四年）隨使臣入唐求法，投入西堂智藏、百丈懷海（七四九～八一四年）門下，習六祖惠能南宗禪法，在中國度過三十七年後回到新羅。

回國後，道義的禪法並沒受到當時新羅教派的青睞，甚至被譏斥是「魔語」，遂而隱居雪嶽山陳田寺四十餘年，傳法給弟子廉居（？～八四四年）、法孫普照體澄（八〇四～八八〇年），建立「九山禪門」之一的迦智山門，與同為入唐僧洪陟（生年不詳）所創智異山實相山門，均為新羅晚期活躍於教界的南宗禪門派，被推崇是「北山義南嶽陟」（見崔致遠撰鳳巖寺〈智證大師塔碑文〉），為開啟韓國禪宗濫觴的兩位大師。

禪宗發展至高麗中期，一一九〇年普照知訥（一一五八～一二一〇年）於八公山居祖庵撰〈勸修定慧結社文〉，組織修禪社，兼納禪教兩宗，稱定慧結社，聲名鵲起，再移至曹溪山松廣寺，倡導「禪教一致」、「定慧雙修」，禪風興盛不衰，至高麗晚期，九山禪門統稱為「曹溪宗」[1]，以看話禪為至高禪法，松廣寺輩出十六位國師，躍居僧寶寺地位。

朝鮮初期，佛教受到諸多打壓，各宗派轉移至民間韜光養晦。此時期太古普愚及其門徒，維繫著高麗時期以來的曹溪禪脈；中期以後，地位崇高的清虛休靜對「禪教兼修」提出「捨教入禪」的理念，不過教界仍顯現出禪教並重，及念佛門（淨土）、圓頓門（教）、徑截門（禪）三門修業合一的特徵。影響延續至今，呈現出韓國禪有參禪、念佛、看經、持咒四大修行法的面貌。

專供精進禪修的禪院

韓國禪的修行以參禪為主，禪院是叢林實施禪教育的場所，與佛學院有正規學程和期限不同，為僧人終其一生不斷勇猛精進的地方。現有叢林禪院七處、比丘禪院五十七處、比丘尼禪院三十處，共九十四個禪院，如鳳巖寺太古禪院、實相寺百丈禪院、白羊寺古佛禪院、海印寺龍塔禪院、雲門寺文殊禪院、上院寺清涼禪院等。

慶尚北道聞慶市曦陽山鳳巖寺，由智證道憲（八二四～八八二年）

鳳巖寺太古禪院。（陳明華攝）

建於新羅憲康王五年（八七九年），是九山禪門曦陽派發跡地，也是韓國非常具有代表性的禪修道場。一九四七年，性徹（一九一二～一九九三年）、青潭（一九〇二～一九七一年）、慈雲（一九一一～一九九二年）等法師，在此發起「鳳巖寺結社」，每日不休潛修佛法，與外界完全隔離。一九八二年曹溪宗指定鳳巖寺為特別禪院，同年七月聞慶郡地政機關公告佛寺所屬山域，一九八四年成為宗立禪院。二〇二二年世界冥想村落成。由於是特設的禪修院，僧人過著不受干擾的修行生活，自一九八二年起至今，除佛誕日以外，終年封山不開放，民眾不能出入佛寺與曦陽山一帶，門禁管理嚴格，筆者也曾被擋在三門之外。

全羅北道南原市實相寺為洪陟於新羅興德王三年（八二八年）創建，經由弟子秀澈（八一七～八九三年）、片雲承繼，蔚然成為禪宗寺院。一四六八年，佛寺遭焚毀，兩百年間成為廢墟，僧人移至智異山百丈庵潛修，延續禪脈。至十七世紀末以後實相寺才經碧巖、戒悟、枕虛、義巖等僧人陸續重建。記得初次探訪實相寺時，入口農舍錯落，阡陌墾作，田園風光盈溢，進入佛寺後，建築質樸無華，清雅隱逸，百丈禪師所立「一日不作，一日不食」、「禪農合一」的家風，歷歷在目，印象深刻。

百丈庵原稱百丈寺，現隸屬實相寺佛庵，始建年代不詳，相關史料也不多，但從庵內遺有九世紀統一新羅時期建造的百丈庵三層石塔、百丈庵石燈，可知佛寺年代久遠。文獻載，百丈寺在十七世紀末期遭受兩次祝融之災前，有佛殿四所、寮房八間、庵堂八、九所，頗具規模，目前建築僅有大雄殿、山神閣、禪院等。佛庵離實相寺約十分鐘車程，前往山路陡峭，峰迴路轉，想起古人入山修行，真要靠有好腳力。

禪房與僧人的夏、冬安居禪修

佛教的禪修，以安居最具代表性，至今韓國仍維繫著傳統的安居制度，以僧侶受具足戒後安居年數，做為出家的法臘。一般夏安居是陰曆四月十五日起至七月十五日；冬安居為十月十五日起至次年正月十五日結束。依一九二五年朝鮮總督府編《朝鮮僧侶修禪提要》載，每日禪修時間，海印寺堆雪堂夏安居是八小時，冬安居是十一小時，月精寺、梵魚寺夏冬安居都是十小時。而結制安居的初七天、解制的前七天及中間半山林的七天，是不眠不休的勇猛精進時間。

做為安居的禪堂空淨無物，簡約樸實，除壁面的龍象榜以外，至多

五臺山上院寺是《禪房日記》作者知虛的冬安居之處。（陳明華攝）

設個小佛壇。位於慶尚北道河東，號稱「東國第一禪院」的智異山七佛寺，一九三九年經由《東亞日報》報導，佛寺內構造獨特的「亞字房」遺址，始為世人所知。亞字房禪室傳為新羅孝恭王（八九七～九一二年在位）曇空禪師首創，禪堂是以木板隔成亞字型，可容納百餘名僧人坐禪，二重構造的炕道，冬季時一經點燃後，可持續百日（或說四十日），方便禪修者長久打坐。

只要是出家法師，沒有人能不過禪房的生活，而僧人閉居禪房的生活，外人也是難以得知的。所幸，知虛法師（生年不詳，傳於一九七五年圓寂）將其在一九七三年江原道五臺山上院寺冬安居的生活，一一撰成日記。此手稿在二○一○年集結成書，出版《禪房日記》韓、中版（筆者忝為中文版譯者），讓大眾得以了解佛教的安居文化。

《禪房日記》如實地寫下了禪房的各種生態，述安居期間，以看話禪修行為主，間也研究教義，禪修者遵守各項戒律清規，如默言禁語、修禪期間不得外出、祖室說法時不得提問，結束後可進方丈室請益等規定，若破戒邪行，經三次勸誡無效時，則驅逐出室。

《禪房日記》也對參禪中來自本能的抗拒、對話頭產生的疑惑等，有極坦率的描繪，謂從出家的那一刻起，僧人就進入涅槃，「涅槃」不是指生命的結束，而是克服無分

國立春川博物館藏蒼嶺寺址石造五百羅漢像，高麗末或朝鮮初期。（陳明華攝）

別的煩惱瞋癡，從永劫中解脫，獲得生命能量的穩定與和諧，故修行是出家人至死不渝，如影隨形，終其一生與自我搏鬥的課題，因此說：「放下話頭是眾生，持住話頭是前往涅槃的道路。」

禪修從深山走向城市

在直指心性、自證三昧、徹悟佛教真理的過程中，重重的障礙，修禪者如寒天飲冰水，點滴在心頭，不易難行的修行歷程，讓筆者想起在國立春川博物館看到蒼嶺寺址石造五百羅漢像時，所帶來的震撼與感動。

二〇〇一年至二〇〇二年間江原道寧越郡，出土約三百多件的石雕

雕刻手法簡樸，禪定神態刻畫入微的蒼嶺寺址石造五百羅漢像。（陳明華攝）

羅漢像，雕像平均不到四十至五十公分高，雕刻手法簡樸，然每位尊者面貌、表情生動，或陷入迷誤、或大智若愚、或覺悟喜悅、或入禪定三昧，各顯性格，栩栩如生，讓觀者彷彿也隨之進入冰天雪地、寒風侵肌的冬安居時空，在那森羅萬象中，映照出人間所面對的無明煩惱、貪瞋癡慢疑，和能否感悟本來無一物，何來的悲喜交集。

韓國禪乘載著千餘年歷史，過去雖主要以山中禪院修行為主，但最近積極結合新科技與藝術，走入城市，推廣禪修，邁向與大眾共修共存的理念。特別是隨著二〇二〇年以來，因新冠肺炎疫情所引起的新冠抑鬱感（Corona Blue），居家參禪的人愈來愈多，迎來禪修的契機，諸如看話禪應用程式的研發、網路媒體弘法，以及結合禪與現代藝術的展示等，都是為接引大眾參與生活禪的方便法門。

1 從文物來看，「曹溪宗」宗名最早出現於高麗明宗二年（一一七二年）的〈高麗國曹溪宗崛山下斷俗寺大鑑國師碑銘〉，在這之前，九世紀末的碑文、文獻曾見使用「曹溪業」之語。

琉璃文學 43

韓國佛寺之美

The Beauty of Korean Buddhist Temples

著者	陳明華
攝影	陳明華、李修安、陳俊吉、鄭善熙、大興寺、通度寺、燕尾寺、雙磎寺、Shutterstock／達志影像
出版	法鼓文化
總監	釋果賢
總編輯	陳重光
編輯	李金瑛
美術設計	化外設計
地址	臺北市北投區公館路186號5樓
電話	(02)2893-4646
傳真	(02)2896-0731
網址	http://www.ddc.com.tw
E-mail	market@ddc.com.tw
讀者服務專線	(02)2896-1600
初版一刷	2022年10月
建議售價	新臺幣450元
郵撥帳號	50013371
戶名	財團法人法鼓山文教基金會—法鼓文化
北美經銷處	紐約東初禪寺 Chan Meditation Center (New York, USA) Tel: (718)592-6593 E-mail: chancenter@gmail.com

法鼓文化

國家圖書館出版品預行編目資料

韓國佛寺之美 / 陳明華著. -- 初版. -- 臺北市：
法鼓文化, 2022.10
面； 公分
ISBN 978-957-598-967-5(平裝)

1. CST：寺院 2. CST：佛教藝術 3. CST：韓國

227.32 111011690